benvenuti in italiano

corso **MODULARE** di lingua italiana per ragazzi - **volume 1**

Guerra Edizioni

Benvenuti in Italiano

Autori:
Marcello Silvestrini
Graziella Novembri

Progetto grafico
salt & pepper_perugia

I edizione
© Copyright 2005 Guerra Edizioni - Perugia

ISBN 88-7715-782-8

Guerra Edizioni
via Aldo Manna 25 - Perugia (Italia)
tel. +39 075 5289090 - fax +39 075 5288244
e-mail: geinfo@guerra-edizioni.com www.guerra-edizioni.com

La realizzazione di un libro comporta un attento lavoro di revisione e controllo sulle informazioni
contenute nel testo, sull'iconografia e sul rapporto che intercorre tra testo e immagini.
Nonostante l'accurato controllo è quasi impossibile pubblicare un libro del tutto privo di errori
o refusi.
Per questa ragione ringraziamo sin d'ora i lettori che li vorranno segnalare.

Questo manuale è stato realizzato e sperimentato con l'apporto dei docenti di lingua italiana come lingua straniera

Gli Autori, mentre ringraziano i Colleghi delle Istituzioni che operano per la promozione e la diffusione della lingua italiana, sono lieti di recepire ulteriori rilievi e suggerimenti

Premessa

Questo corso è stato progettato per soddisfare le esigenze e le attese dei numerosissimi ragazzi che, nelle scuole municipali e nelle scuole private, intendono avvicinarsi alla lingua italiana.

In molti Paesi in generale cresce l'interesse per l'apprendimento delle lingue straniere nella convinzione che una forma di alfabetizzazione in più lingue permetta una maggiore capacità di movimento, di lavoro, di realizzazione personale.

Lo studio della Lingua Italiana, come di altre lingue, è concepito, cioè, come un investimento per il futuro.

Genitori, insegnanti, scuole, forze politiche caldeggiano l'apprendimento di questa lingua e ne promuovono l'inserimento nei curricoli personali di ogni adolescente e preadolescente per molteplici ragioni.
Ne sintetizziamo alcune.

- La lingua italiana è una lingua di cultura e, più precisamente, la lingua della musica, della moda, del cinema, dell'arte, della tecnologia, della gastronomia, della Ferrari, ecc.
- La lingua italiana presenta una fonetica semplice.
- La lingua italiana è la lingua d'origine di milioni di discendenti italiani diffusi nel mondo, e, al contempo, risponde molto bene alla esigenza di crescita generale dell'intelligenza di un ragazzo sia per la struttura logica che la caratterizza, sia per la stratificazione culturale del suo lessico e delle sue espressioni.

La dignità dell'italiano come seconda o terza lingua, da insegnare nelle scuole, ha riguardato, nei decenni scorsi, situazioni inerenti le comunità di emigranti in Belgio, Svizzera, Germania, Australia, Argentina, Stati Uniti e America Latina, Africa, dove sono state aperte scuole italiane.

In ogni parte del mondo Italiani e discendenti di Italiani, con coraggio straordinario e nell'ansia di tramandare a figli e nipoti le proprie radici etniche e culturali, hanno spinto per diffondere e promuovere l'italiano e la sua civiltà fino a raggiungere e coinvolgere migliaia di studenti e cultori della nostra lingua.

Con questo manuale si intende rispondere a precise richieste di ordine teorico e di ordine metodologico-didattico, con il proposito di fondere e di armonizzare i risultati conseguiti dai vari metodi via via sperimentati nella glottodidattica, e misurati sulla reale capacità di analisi e sintesi, di acquisizione e memorizzazione proprie di un ragazzo dai nove ai quindici anni.

L'opzione metodologica privilegiata è quella dei MODULI in quanto prevale ormai l'esigenza di superare i modelli tradizionali di programmazione educativa e didattica applicati nel corso degli ultimi decenni nella ricerca psico-pedagogica. Esigenza che è in effetti già presente nella normativa ordinamentale attuata in Europa.

L'ideazione e la realizzazione di un modulo si concretizza attraverso un procedimento che si chiama algoritmo didattico e che coagula un insieme di esperienze di apprendimento didattico in generale e linguistico nel nostro caso.

"Ogni modulo è un micro-curricolo, quindi include, in rapporto ai soggetti alunni a cui è destinato, gli elementi essenziali costitutivi quali: obiettivi, contenuti, procedure, attività, mezzi e modalità di verifica". (AA.VV. Dizionario di Scienze dell'Educazione, ELLE DI CI - L.A.S., S.E.I., 1997, pp. 708-709).

Mentre l'Unità Didattica consente il

perseguimento di obiettivi specifici a breve termine (come microsistema curriculare) il MODULO prende il significato di elemento di programmazione didattica mirata all'acquisizione di obiettivi a medio e persino a lungo termine.

In tal modo il modulo didattico, in ambito linguistico, si carica di grande forza innovativa in quanto permette di uscire, finalmente, dal frammentarismo, dalle microsituazioni, dagli stereotipi linguistici spesso slegati e a forza giustapposti, per assicurare unitarietà, coerenza, progressione logica all'intero processo di insegnamento/apprendimento.

Tutti i materiali linguistici sono stati testati e le strategie didattiche sono state adattate alle attese tipiche dell'età adolescenziale e preadolescenziale con appropriate integrazioni, inserimenti grafici e fotografici, situazioni esistenziali.

Gli Autori

VOLUME I

Contenuto dell'opera

MODULO A

Nel modulo A impari a

- Salutare
- Rispondere ai saluti
- Presentarti
- Chiedere di presentarsi
- Presentare qualcuno/a
- Dire la tua cittadinanza, dire la tua residenza
- Chiedere la cittadinanza, la residenza, la professione
- Descriverti
- Descrivere qualcuno/a
- Descrivere il tuo abbigliamento e quello degli altri
- Numerare da 0 a 20
- Riflettere sulla fonetica
- Fare un esame di quanto imparato

Modulo A

unità 1

I SALUTI

Ciao!

FUNZIONI LINGUISTICHE
salutare, presentarsi,
presentare qualcuno

ELEMENTI LESSICALI
buongiorno, buonasera,
arrivederci, piacere, nome,
cognome

ELEMENTI GRAMMATICALI
ti presento, sto bene,
come stai?

ELEMENTI DI CIVILTÀ
le abitudini e i modi
di salutare

FONETICA
_____

unità 2

CHIAMARSI

Come ti chiami?

FUNZIONI LINGUISTICHE
identificarsi, identificare
qualcuno

ELEMENTI LESSICALI
nome, cognome, nascita,
cittadinanza, residenza,
professione

ELEMENTI GRAMMATICALI
pronomi personali,
coniugazione di "chiamarsi",
articoli, nomi e aggettivi in -o

ELEMENTI DI CIVILTÀ
la carta d'identità

FONETICA
alfabeto italiano

unità 3

ESSERE

Chi è? Tu chi sei?

FUNZIONI LINGUISTICHE
descrivere qualcuno,
chiedere di presentarsi,
chiedere di identificarsi

ELEMENTI LESSICALI
per identificare una persona,
la famiglia. Stati Europei

ELEMENTI GRAMMATICALI
essere, un (dei), una (delle)
nomi e aggettivi in -e,
mio, mia, numeri 1-20

ELEMENTI DI CIVILTÀ
Stati dell'Europa Unita,
italiani Celebri

FONETICA
le vocali italiane

Contenuto dell'opera

MODULO B

Nel modulo B impari a

- Dare il nome esatto ai colori
- Identificare il colore delle cose
- Identificare a chi appartengono gli oggetti
- Esprimere il proprio stato di salute
- Chiedere a qualcuno notizie circa la sua salute
- Usare il singolare e il plurale dei nomi
- Analizzare elementi ed oggetti di vita quotidiana ed oggetti d'arte
- Fare un esame di quanto imparato

MODULO B

unità 4

I COLORI

Di che colore è?

FUNZIONI LINGUISTICHE
identificare i colori
delle cose

ELEMENTI LESSICALI
abbigliamento, colori,
maschere

ELEMENTI GRAMMATICALI
dimostrativo questo/a/i/e
singolare, plurale, i colori

ELEMENTI DI CIVILTÀ
la bandiera, il calcio, la
Ferrari, il teatro

FONETICA
osservazioni sulle
consonanti

unità 5

LE COSE

Che cosa è? Di chi è?

FUNZIONI LINGUISTICHE
identificare un oggetto,
identificare l'appartenenza

ELEMENTI LESSICALI
nomi di oggetti

ELEMENTI GRAMMATICALI
possessivo, dimostrativo
maschile, femminile
singolare, plurale

ELEMENTI DI CIVILTÀ
oggetti di uso quotidiano,
opere d'arte

FONETICA
osservazioni sulle
consonanti

unità 6

I VESTITI

Che cosa hai?

FUNZIONI LINGUISTICHE
esprimere il proprio stato
di salute

ELEMENTI LESSICALI
capi di abbigliamento,
ho mal di...

ELEMENTI GRAMMATICALI
avere, aggettivi a 4 e a 2
uscite, forma negativa

ELEMENTI DI CIVILTÀ
la moda, l'abbigliamento

FONETICA
osservazioni sulle
consonanti

Contenuto dell'opera

Modulo C

Nel modulo C impari a

- Dire il tuo indirizzo
- Chiedere l'indirizzo a qualcuno/a
- Identificare le professioni e/o i mestieri
- Chiedere la professione e/o il mestiere a qualcuno/a
- Dire e chiedere i nomi delle città italiane, delle regioni, degli abitanti
- Indicare e chiedere il luogo, la direzione, la posizione
- Situare gli oggetti nello spazio
- Chiedere dove sono situati gli oggetti
- Parlare e chiedere notizie del tempo metereologico
- Analizzare il clima italiano e i modi di vita relativi
- Analizzare la carta geografica d'Italia
- Fare un esame di quanto imparato

Modulo C

unità 7	unità 8	unità 9
LA CASA	**IL LUOGO**	**IL TEMPO**
pagine 89-100	pagine 101-108	pagine 109-124

Dove abiti?

FUNZIONI LINGUISTICHE
dichiarare il proprio indirizzo,
chiedere l'indirizzo, chiedere la
professione, descrivere una cosa

ELEMENTI LESSICALI
nomi di città,
nomi di abitanti,
nomi di regioni

ELEMENTI GRAMMATICALI
abitare, vivere, preposizioni
a/in, articolo lo - gli, l'- gli

ELEMENTI DI CIVILTÀ
carta d'Italia, regioni italiane,
città italiane

FONETICA
osservazioni sulle
consonanti

Dov'è?

FUNZIONI LINGUISTICHE
indicare il luogo, chiedere
e indicare la direzione,
indicare la posizione

ELEMENTI LESSICALI
nomi di cose e di luoghi, sopra,
sotto, dentro, fuori, di fianco,
di fronte, a sinistra, a destra

ELEMENTI GRAMMATICALI
vado a/in, vicino a, lontano
da, pronomi personali
e preposizioni

ELEMENTI DI CIVILTÀ
arredamento d'interni, pianta
di città, alcune città

FONETICA
consonanti doppie

Che tempo fa?

FUNZIONI LINGUISTICHE
parlare del tempo,
chiedere notizie del tempo,
previsioni del tempo

ELEMENTI LESSICALI
la stagioni, i mesi, i giorni
della settimana, la pioggia,
il temporale

ELEMENTI GRAMMATICALI
preposizione di/in + articolo,
che tempo fa oggi, le feste,
i numeri

ELEMENTI DI CIVILTÀ
le stagioni in Italia, le
vacanze, la Sicilia, il vulcano
Etna, oroscopo

FONETICA
l'apostrofo

VERIFICA DEL MODULO C   pagine 125-131

VOLUME II

Contenuto dell'opera

MODULO **D**

Nel modulo D impari a

- Dichiarare la tua destinazione
- Chiedere la destinazione a qualcuno/a
- Dichiarare e chiedere l'ubicazione, il luogo, cioè, dove si trovano uomini e cose
- Fare gli auguri
- Ringraziare per gli auguri o i complimenti ricevuti
- Dare e chiedere l'ora
- Dire e chiedere il numero di telefono
- Esprimere un desiderio
- Analizzare il lavoro degli italiani
- Parlare di alcuni elementi di vita sociale
- Analizzare la scuola italiana e il suo funzionamento
- Analizzare un modo di viaggiare tipico italiano: il treno
- Fare un esame di quanto appreso

Modulo D

Che cosa fa?

FUNZIONI LINGUISTICHE
chiedere la professione, chiedere il mestiere, dichiarare la preferenza

ELEMENTI LESSICALI
nomi di professioni e attività, nomi di materie scolastiche, nomi di sport

ELEMENTI GRAMMATICALI
fare, presente indicativo -are, -ere, -ire

ELEMENTI DI CIVILTÀ
gli Italiani e il lavoro, emigrazione e immigrazione, i ragazzi, la preghiera, l'amore

FONETICA
osservazioni sull'accento

Dove vai?

FUNZIONI LINGUISTICHE
chiedere la destinazione, dichiarare la destinazione, i viaggi

ELEMENTI LESSICALI
nomenclatura di viaggi

ELEMENTI GRAMMATICALI
venire, andare, andarci, partire, arrivare

ELEMENTI DI CIVILTÀ
il treno, le ferrovie italiane, viaggio attraverso l'Italia, Roma

FONETICA
osservazioni sulla consonante s

Che cosa c'è? Dov'è?

FUNZIONI LINGUISTICHE
chiedere e dichiarare l'ubicazione di persone e cose, festeggiare, gli auguri

ELEMENTI LESSICALI
nomenclatura della scuola, nomenclatura dell'aula, nomenclatura della festa

ELEMENTI GRAMMATICALI
preposizione di + articolo, c'è - ci sono, coniugazione riflessiva

ELEMENTI DI CIVILTÀ
la scuola italiana, il compleanno, la festa, Montessori

FONETICA
attenzione a...

Contenuto dell'opera

MODULO E

Nel modulo E impari a

- Parlare, salutare e congedarti al telefono
- Chiedere e dare notizie personali
- Chiedere, accettare, fissare, rifiutare un appuntamento
- Usare l'orologio
- Conoscere internet e la posta elettronica
- Ordinare qualcosa a qualcuno in modo cortese
- Dichiarare, esprimere un desiderio, una preferenza
- Descrivere idee, sentimenti, progetti, speranze
- Descrivere il proprio stato di salute
- Osservare l'aspetto fisico di una persona
- Comunicare i tuoi sentimenti

MODULO E

Pronto? Chi parla?

FUNZIONI LINGUISTICHE
chiedere e dare notizie personali, chiedere accettare fissare rifiutare un appuntamento, leggere e usare l'orologio

ELEMENTI LESSICALI
le parole della comunicazione telefonica, avvertenze, divieti le parole di internet e della posta elettronica, le parole dei messaggini

ELEMENTI GRAMMATICALI
imperfetto indicativo, verbi modali volere dovere potere, i numeri ordinali, le ore dell'orologio

ELEMENTI DI CIVILTÀ
gli Italiani e il telefono fisso o il cellulare. Invenzione del telefono. Antonio Meucci. Gugliemo Marconi

FONETICA
l'accento tonico in italiano

Pizzeria? Vorrei...

FUNZIONI LINGUISTICHE
avvertire cortesemente, ordinare qualcosa a qualcuno, descrivere un procedimento, dichiarare una preferenza un desiderio

ELEMENTI LESSICALI
nomenclatura della cucina e del cucinare, le espressioni per chiedere indicare consigliare. I cibi, il supermercato

ELEMENTI GRAMMATICALI
il condizionale regolare e irregolare. I pronomi diretti

ELEMENTI DI CIVILTÀ
cosa e come mangiano gli Italiani, La tavola, la cucina, la spesa, il supermercato

FONETICA
divisione in sillabe

Non vedo Marco. Starà male?

FUNZIONI LINGUISTICHE
descrivere e comunicare idee e sentimenti, progetti e speranze, parlare del proprio stato di salute, dell'aspetto fisico di una persona,

ELEMENTI LESSICALI
il lessico dei sentimenti, della salute e della malattia, dell'aspetto fisico, del vestire, del truccarsi, dello specchiarsi, le forme e le espressioni del viso

ELEMENTI GRAMMATICALI
il futuro regolare e irregolare. I pronomi personali indiretti. Verbo piacere

ELEMENTI DI CIVILTÀ
rapporto ragazzi-ragazze, le malattie di stagione, persone e abitudini

FONETICA
la D eufonica

Contenuto dell'opera

MODULO F

Nel modulo F impari a

- Fare e rispondere agli auguri
- Raccontare, descrivere un viaggio
- Esprimere ammirazione, meraviglia
- Prendere appunti
- Parlare di sport
- Raccontare, descrivere una competizione di sport
- Presentare una squadra, una partita di calcio
- Chiedere e dare informazioni sulla viabilità
- Impartire e ricevere ordini
- Suggerire e ordinare
- Chiedere e dare consigli
- Esprimere il proprio pensiero soggettivo

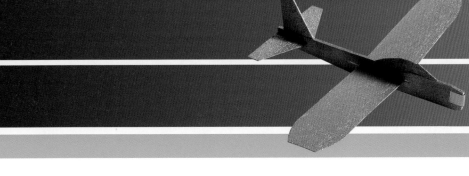

MODULO F

unità 16
LE VACANZE
pagine 125-140

unità 17
IL CALCIO
pagine 141-152

unità 18
INFORMAZIONI
pagine 153-168

Dove sei stato?

FUNZIONI LINGUISTICHE
scambiarsi gli auguri, raccontare un viaggio, esprimere ammirazione, meraviglia

ELEMENTI LESSICALI
le parole delle vacanze, le azioni della giornata,il lessico della comparazione

ELEMENTI GRAMMATICALI
il passato prossimo con ESSERE, il verbo riflessivo, i gradi dell'aggettivo

ELEMENTI DI CIVILTÀ
Gli Italiani e le vacanze, le vacanze dei giovani, i luoghi delle vacanze

FONETICA
l'accento tonico in italiano

Che cosa hai fatto?

FUNZIONI LINGUISTICHE
parlare di sport, presentare una partita, una squadra, prendere appunti, fissare appuntamenti

ELEMENTI LESSICALI
le parole dello sport, del calcio, della competizione, prendere e scrivere appunti

ELEMENTI GRAMMATICALI
passato prossimo con AVERE, passato prossimo irregolare, alcuni irregolari, cominciare-finire

ELEMENTI DI CIVILTÀ
cosa e come mangiano gli Italiani, La tavola, la cucina, la spesa, il supermercato

FONETICA
divisione in sillabe

Le informazioni

FUNZIONI LINGUISTICHE
chiedere e dare informazioni, chiedere e dare ordini e indicazioni, consigliare, suggerire, invitare, interpretare la pubblicità

ELEMENTI LESSICALI
il lessico del consigliare, suggerire, invitare, del dare e ricevere ordini, le parole della pubblicità

ELEMENTI GRAMMATICALI
imperativo regolare e irregolare, imperativo e pronomi, congiuntivo presente, pronome relativo

ELEMENTI DI CIVILTÀ
l'acqua un bene prezioso, i consigli, gli inviti, i suggerimenti della pubblicità

FONETICA
combinazione di lettere e suoni

VERIFICA DEL MODULO F   pagine 169-175

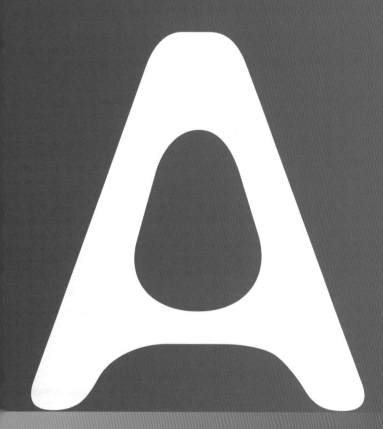

MODULO A
unità 1

I SALUTI

CIAO!

Ciao a tutti i ragazzi del mondo!
Dell'Europa,
dell'Africa,
dell'America,
dell'Asia
dell'Australia!
Ciao a tutti i ragazzi del mondo!
Buon lavoro a tutti quanti,
ragazzi, ragazze
ed insegnanti.

Leggere e ripetere

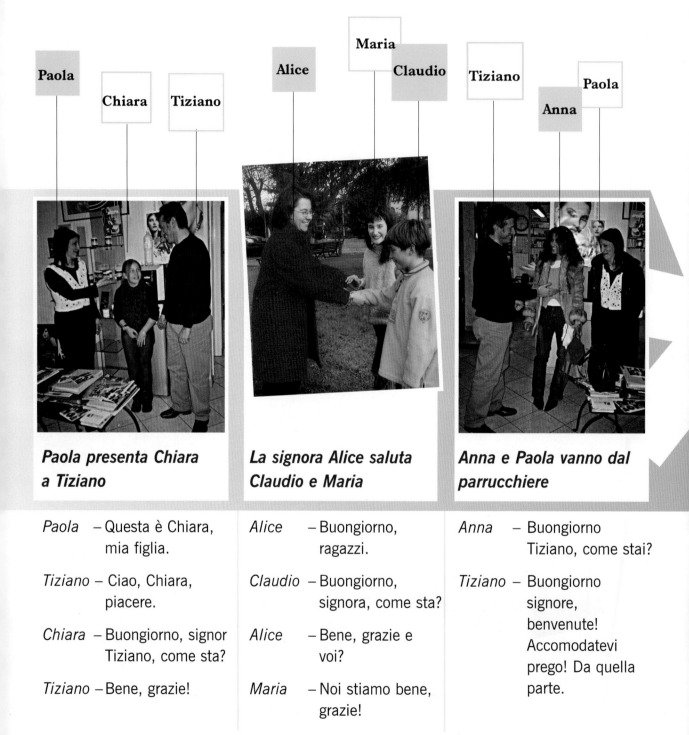

Paola presenta Chiara a Tiziano

Paola	– Questa è Chiara, mia figlia.
Tiziano	– Ciao, Chiara, piacere.
Chiara	– Buongiorno, signor Tiziano, come sta?
Tiziano	– Bene, grazie!

La signora Alice saluta Claudio e Maria

Alice	– Buongiorno, ragazzi.
Claudio	– Buongiorno, signora, come sta?
Alice	– Bene, grazie e voi?
Maria	– Noi stiamo bene, grazie!

Anna e Paola vanno dal parrucchiere

Anna	– Buongiorno Tiziano, come stai?
Tiziano	– Buongiorno signore, benvenute! Accomodatevi prego! Da quella parte.

Leggere e ripetere

la mamma   Alessio   Marcello   le ragazze   i ragazzi   la maestra

La mamma lascia il figlio a scuola

Il signor Marcello incontra le ragazze al parco

La maestra esce dall'aula

La mamma	– Ciao, Alessio. Ciao!
Alessio	– Ciao, mamma. Ci vediamo, a pranzo!

Le ragazze	– Buongiorno, signor Marcello!
Marcello	– Salve, ragazze! Come va?
Le ragazze	– Bene, grazie. E lei?
Marcello	– Abbastanza bene. Grazie!
Le ragazze	– ArrivederLa, signor Marcello!

La maestra	– Ragazzi, arrivederci!
I ragazzi	– ArriverderLa, signora!
La maestra	– Ci vediamo domani.
I ragazzi	– A domani!

Unire, con una linea, i saluti corrispondenti

Arriverderci, ragazzi!

ArrivederLa, signora!

Ciao, Luigi!

Ciao, Marcello!

Buongiorno, signor Marcello!

Ciao, Claudio!

Buongiorno, signor Marcello!

Salve, ragazze!

Ciao, mamma!

Ciao, Alessio!

Ciao!

Ciao!

Completare le frasi

Bu...ng...or....o!

Ar...ived...rc...!

Ac...omodati!

Buongiorno, signore!
_____, *ragazze!*

Buonasera, Marcello!
_____, *Luigi!*

Buonanotte, mamma!
_____, *Alessio!*

Salve, ragazze!
_____, *mamma!*

ArrivederLa, signora!
_____, *ragazzi!*

Buonanotte, Claudio!
_____., *signore!*

_____, *Mario!*
Buonasera, signor Rossi!

B...ongio...no!

C...a...!

Arr...v...d...rL...!

IN ITALIANO SI DICE

CIAO! CIAO!
CIAO A TUTTI!
TI MANDO UN CIAO!

CIAO viene dalla pronuncia veneziana della parola "schiavo"

Salutare

Ciao, Mario!	Come stai? va?	→	Bene, grazie e tu/voi!
			Bene, grazie!
			Non troppo bene!
			Ho mal di testa!

Ciao, ragazzi!	Come state?	→	Molto male!
			Bene, grazie. E Lei signore?
			Abbastanza bene, grazie
			Così, così, grazie

Buongiorno,	→	signor Rossi!
		signora Anna!
		signorina Veronica!

Arrivederci!	→	A presto!
ArrivederLa!		A stasera!
ArrivederLa, dottore!		A domani!
ArrivederLa, signora!		Alla prossima settimana!

Cognome...... ROSSI

Nome...... ANNA

Nato il.... 10/03/1994

(atto n. 351 ... P. 1 ... S. ... c

a...... PERUGIA (PG)

Cittadinanza...... ITALIANA

Residenza...... PERUGIA

Via...... ENRICO FERMI, 18

Stato civile......

Professione......

CONNOTATI E CONTRASSEGNI SALIENTI

Statura...... 1,55

Capelli...... BIONDI

Occhi...... CASTANI

Segni particolari... NESSUNO

MODULO A
unità 2

CHIAMARSI
Tu come ti chiami?

Anna Rossi

Firma del titolare

PERUGIA li. 04/03/200

IL SINDAC

Impronta del dito

d'ordine del

L'UFFICIALE D'ANAGR

Carta d'identità di
Anna Rossi

Completa la tua Carta d'identità

(1) Nubile - celibe - coniugato/a
(2) Studente/studentessa

(3) Bruni, biondi, castani, rossi
(4) Neri, azzurri, castani, verdi

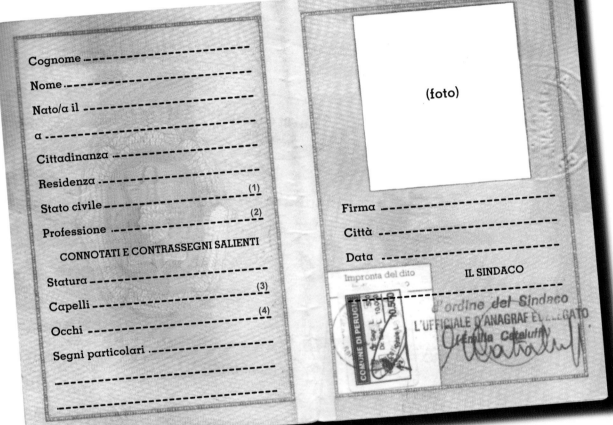

Leggere

Leggere e completare

Leggere e ripetere

Come si chiama lei?

La Fata Turchina

Lei si chiama _____

Come si chiama lui?

Pinocchio

Lui si chiama _____

LUI e LEI

Giuliano, Ivano, Giordano,
Valeriano, Cristiano,
Adriano, Graziano,
Luciano, Tiziano
e Massimiliano, si tengono per mano.
È una poesia molto bella!
Se poi ci mettiamo Donatella,
Gabriella, Ornella, Marinella,
Antonella, Mirella, Luisella,
Graziella, Maristella
e Serenella, la poesia non è ancora più
bella?

(D L. Grossi, Giocare con le parole, Armando, Roma, 1980.)

Leggere e ripetere

Biglietto da visita

Come si chiama il medico?

Il medico si chiama Donatella Bianchi.

Dove vive?

Vive a Roma.

In quale Via?

In Via Monteneri.

Quale numero?

Numero 8.

Telefono?

Telefono numero 06/84792351.

il biglietto da visita

Dott. DONATELLA BIANCHI
MEDICO

VIA MONTENERI 8 - 00195 ROMA
TEL. 06/84792351

V 3 signore

Leggere e completare

Come si chiama l'architetto?
L'architetto si chiama _____

Dove vive?
Vive a _____

In quale Via?
In _____

Quale numero?
Numero _____

Telefono?
Telefono numero _____

Dott. Franco Grandoni
avvocato

Via Cesare Battisti, 69 - 20100 MILANO
Tel; 02/93685345

Professoressa Maria Teresa Brozzi
insegnante

Via della Farnesina, 36 - 00195 ROMA
Tel. 06/6655276

Come si chiama l'insegnante?
L'insegnante _____

Dove vive?
Vive _____

In quale Via?
In _____

Quale numero?

_____

Telefono?
Telefono _____

Come si chiama l'avvocato?

_____

Dove vive?

_____

In quale Via?

_____

Quale numero?

_____

Telefono?

Dott. Stefano Rossi
architetto

Via Giuseppe Mazzini, 25 - 06100 PERUGIA
tel. 075/2277908

3 signore

Leggere e completare

Come si chiama il pittore?	*Il pittore si chiama Venanti*
Come si chiama l'osteria?	*L'osteria si chiama* _____
Come si chiama la parrucchiera?	*La parrucchiera si chiama* _____
Come si chiama la libreria?	_____
Come si chiama il negozio di abbigliamento? -	_____

Il pittore è in via _____

L'osteria è in via _____

La parrucchiera è in via _____

La libreria è in via _____

Il negozio di abbigliamento è in via _____

NOMI DI RAGAZZE   E   DI RAGAZZI

femmine		maschi	
Anna	Chiara	Andrea	Daniele
Benedetta	Laura	Matteo	Mario
Francesca	Maria	Riccardo	Dino
Daniela	Carla	Simone	Piero
Simona	Serena	Giorgio	Luca
Donatella	Sara	Franco	Stefano
Giulia	Roberta	Claudio	Paolo

LE CITTÀ ITALIANE I LORO ABITANTI

GLI ABITANTI DI		SI CHIAMANO	
	Roma		Romani
	Napoli		Napoletani
	Milano		Milanesi
	Palermo		Palermitani
	Firenze		Fiorentini
	Venezia		Veneziani
	Bari		Baresi
	Torino		Torinesi
	Genova		Genovesi
	Perugia		Perugini
	Cagliari		Cagliaritani

LE NAZIONI EUROPEE E I LORO ABITANTI

GLI ABITANTI		SI CHIAMANO	
	dell'Italia		Italiani
	della Francia		Francesi
	della Germania		Tedeschi
	della Spagna		Spagnoli
	dell'Inghilterra		Inglesi

Per parlare subito
Rispondere secondo il modello

Come si chiama la ragazza tedesca? *(Annette)*
La ragazza tedesca si chiama Annette

1) **Come si chiama la ragazza tedesca?** *(Annette)*

2) **Come si chiama la ragazza italiana?** *(Maria)*

3) **Come si chiama il ragazzo spagnolo?** *(Bernardo)*

4) **Come si chiama il ragazzo russo** *(Nicola)*

5) **Come si chiama la signora brasiliana?** *(Selma)*

Come si chiama lei? *(Anna)*
Lei si chiama Anna.

1) **Come si chiama lei?** *(Anna)*

2) **Come si chiama lei?** *(Gina)*

3) **Come si chiama lui?** *(Luca)*

4) **Come si chiama lui** *(Filippo)*

SI DICE
Mi chiamo **Graziella**, **Grazy**, per gli amici.
Mi chiamo **Rossella**, **Rosy**, per gli amici.
Mi chiamo **Roberto Roby**, per gli amici.
Mi chiamo **Ferdinando**, **Nando** per gli amici.
Mi chiamo **Giovanni**, **Nanni** per gli amici.
Mi chiamo **Luigi**, **Gigi** per gli amici.
Mi chiamo **Filippo**, **Pippo** per gli amici.
Mi chiamo **Luigino**, **Gino** per gli amici.

Come si chiamano gli abitanti di Roma? *(Romani)*
Gli abitanti di Roma si chiamano Romani

1) **Come si chiamano gli abitanti di Roma?** *(Romani)*

2) **Come si chiamano gli abitanti di Napoli?** *(Napoletani)*

3) **Come si chiamano gli abitanti di Venezia?** *(Veneziani)*

4) **Come si chiamano gli abitanti di Firenze?** *(Fiorentini)*

IN ITALIANO SI DICE

Note di fonetica e grammatica

L'alfabeto italiano ha 21 lettere						fonetica
a	(a)	**h**	(acca)	**q**	(qu)	
b	(bi)	**i**	(i)	**r**	(erre)	
c	(ci)	**l**	(elle)	**s**	(esse)	
d	(di)	**m**	(emme)	**t**	(ti)	
e	(e)	**n**	(enne)	**u**	(u)	
f	(effe)	**o**	(o)	**v**	(vu)	
g	(gi)	**p**	(pi)	**z**	(zeta)	

grammatica

PRONOMI PERSONALI
io
tu
lui/lei
noi
voi
loro

CHIAMARSI
io **mi** chiam-**o**
tu **ti** chiam-**i**
lui/lei **si** chiam-**a**
noi **ci** chiam-**iamo**
voi **vi** chiam-**ate**
loro **si** chiam-**ano**

ARTICOLI

maschile-singolare	
il	ragazz**o**
	numer**o**
	ristorant**e**

→

maschile-plurale	
i	ragazz**i**
	numer**i**
	ristorant**i**

femminile-singolare	
la	ragazz**a**
	signor**a**
	nazion**e**

→

femminile-plurale	
le	ragazz**e**
	signor**e**
	nazion**i**

NOMI E AGGETTIVI

maschile-singolare
il ragazz**o** è italian**o**

→

maschile-plurale
i ragazz**i** sono italian**i**

femminile-singolare
la ragazz**a** è italian**a**

→

femminile-plurale
le ragazz**e** sono italian**e**

MODULO A
unità 3

ESSERE
Chi è? Tu chi sei?

Tu chi sei?
Io sono Federico e rido

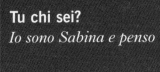

Tu chi sei?
Io sono Sabina e penso

Lei chi è?
Lei è Daniela e mangia

Lui chi è?
Lui è il papà di Carla e Fabio

Leggere e ripetere con un compagno

Leggere e completare domande e risposte

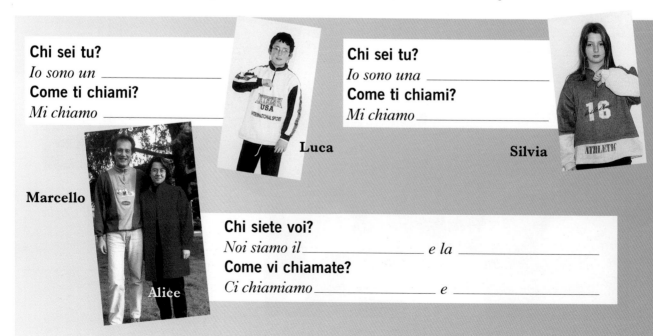

Leggere e completare domande e risposte

Chi è?
E' una ragazza
Si chiama Chiara

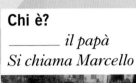

Chi è?
_____ *il papà*
Si chiama Marcello

Chi è?
_____ *la mamma*
Si chiama Alice

Chi sono?
Sono i genitori.
Si chiamano Alice
e Marcello

Chi è?
_____ *un ragazzo*
Si chiama Claudio

Chi sono loro?
Loro sono _____
Come si chiamano?
Si chiamano _____ *e* _____

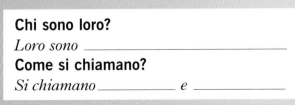

Chi sono loro?
Loro sono _____
Come si chiamano?
Si chiamano _____ *e* _____

Per identificare una persona

 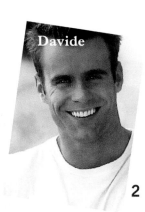  

Paolo 1   Davide   3   Alessio   Peter 4   2

Come si chiama il ragazzo nella foto n. 2?

Il ragazzo della foto n. 2 _____

_____

Come si chiama il ragazzo della foto n. 4?

Il _____ *della foto n. 4*

_____

Il ragazzo della foto n. 3 si chiama Peter?

No, il _____

si chiama _____

Il ragazzo della foto n. 1 si chiama Davide?

No, il _____

si chiama _____

Per identificare una persona

Chi è quello?

Quello è MARCELLO

Chi è quella?

Quella è ALICE

Chi sono questi signori?

Sono i signori ROSSI

Chi è Marcello?

Marcello è il PAPÀ *di Fabio e di Carla*

Chi è Alice?

Alice è la MAMMA *di Fabio e Carla*

Dove abitano?

Abitano a ROMA

Di quale nazionalità sono?

Sono di nazionalità ITALIANA

Fabio è il fratello di Carla?

Sì, Fabio è il FRATELLO *di Carla*

Carla è la sorella di Fabio?

Sì, Carla è la SORELLA *di Fabio*

MARCELLO: *nome di battesimo*

ALICE: *nome di battesimo*

ROSSI: *cognome (nome della famiglia)*

DI MARCELLO: *paternità*

DI ALICE: *maternità*

ROMA: *residenza*

ITALIANA: *nazionalità*

FRATELLO: *parentela*

SORELLA: *parentela*

Nascita dei nomi e dei cognomi

I nomi e i cognomi sono nati al tempo dei Romani, 2000 anni fa. I Romani usano tre nomi: _Caio_, _Muzio_, _Scevola_, Caio, il nome della persona, Muzio il cognome della famiglia, Scevola (mancino) il soprannome che indica una caratteristica fisica. In Italia all'inizio il cognome lo hanno solo le famiglie nobili e ricche. Con il Concilio di Trento (1564) i parroci scrivono il registro dei battesimi con nomi e cognomi.

Fino ad un secolo fa però non tutte le famiglie hanno un cognome. Molti prendono il cognome del mestiere: _Fabbri_, _Martelli_, _Mercanti_, _Muratori_, _Lanai_, _Mercati_, _Medici_, _Calderoni_, _Tessitori_, _Notari_, ecc. O da un soprannome: _Mancini_, _Zoppetti_, _Trippetti_, _Calvi_, _Nasoni_, ecc. O da città di origine, _Greco_, _Lombardi_, _Genovesi_, _Perugini_, _Bolognini_, ecc. O dal nome dei mesi: _Novembri_, _Gennari_, _Maggi_, _Giugni_, _Settembrini_, ecc. O dal colore dei capelli: _Rossi_, _Russo_, _Ricci_, _Fulvi_, _Bruni_, _Biondi_, ecc. O dal confronto con gli animali: _Colombo_, _Gallo_, _Gatti_, _Bovi_, _Tortora_, _Merli_, ecc. O dal nome di battesimo del padre: _Romano_, _Marino_, _Giordano_, _Carlini_, _Franchi_, ecc. Il "DE" avanti indica "figlio di", come _De Luca_, _De Amicis_, _Di Gennaro_, _De Laurentis_, _De Gasperi_, ecc.

I VENTI COGNOMI PIÙ DIFFUSI IN ITALIA

1 Rossi
2 Russo
3 Ferrari
4 Esposito
5 Bianchi
6 Romano
7 Colombo
8 Ricci
9 Marino
10 Greco
11 Bruno
12 Gallo
13 Conti
14 De Luca
15 Costa
16 Giordano
17 Mancini
18 Rizzo
19 Lombardi
20 Moretti

L'ALFABETO DEI NOMI

A come **Annalisa**
B come **Beatrice**
C come **Carlotta che fa la pittrice.**
D come **Daniela**
E come **Eleonora**
F come **Franco che non arriva ancora.**
G come **Gianni**
H come **ho scritto ti voglio bene**
L come **Lucio che viene da Atene.**
M come **Marta**
N come **Nicola**
O come **Orlando che non vuole andare a scuola.**
P come **Paolo**
Q come **Quinto**
R come **Rita col viso dipinto.**
S come **Serena**
U come **Ugo**
V come **Veronica**
Z come **Zanni della Val Camonica.**

I primi venticinque paesi europei

Stati Unione europea

Stati candidati più vicini all'adesione Ue

Altri Stati candidati all'adesione Ue

Altri Stati che hanno presentato domanda di adesione

FINLANDIA

SVEZIA

ESTONIA

LETTONIA

DANIMARCA

LITUANIA

PAESI BASSI

GERMANIA

POLONIA

IRLANDA

GRAN BRETAGNA

BELGIO

REP. CECA

SLOVACCHIA

LUSSEMBURGO

SVIZZER

AUSTRIA

ROMANIA

UNGHERIA

BULGARIA

FRANCIA

SLOVENIA

PORTOGALLO

ITALIA

TURCHIA

SPAGNA

GRECIA

MALTA

CIPRO

1 (un) euro

20 (venti) euro

50 (cinquanta) centesimi

10 (dieci) centesimi

Roma. Fontana di Trevi

Roma. Trinità dei Monti

Roma. Altare della Patria

Osservare la carta d'Europa e rispondere secondo il modello

Chi è Manuel? *(spagnolo)*	Chi è Conchita? *(spagnola)*	Chi sono Mario e Piero? *(italiani)*
Manuel è un ragazzo spagnolo	*Conchita è una ragazza spagnola*	*Mario e Piero sono dei ragazzi italiani*

1) Chi è Manuel?
(spagnolo)

2) Chi è Helmut?
(austriaco)

3) Chi è Victor?
(russo)

4) Chi è Peter?
(tedesco)

5) Chi è Mario?
(italiano)

6) Chi è Panos?
(greco)

1) Chi è Conchita?
(spagnola)

2) Chi è Marianne?
(francese)

3) Chi è Sofia?
(greca)

4) Chi è Mariana?
(brasiliana)

5) Chi è Ania?
(polacca)

6) Chi è Chiara?
(italiana)

1) Chi sono Mario e Piero?
(italiani)

2) Chi sono Peter e Herman
(tedeschi)

3) Chi sono Zé Maria e Ronaldo
(brasiliani)

4) Chi sono Tom e John
(americani)

5) Chi sono Roman e Francisco
(argentini)

6) Chi sono Ivan e Sacha?
(russi)

Rispondere secondo il modello

Italiani celebri
Roberto Benigni.
Attore toscano, comico.
Il suo film "La vita è
bella" ha vinto l'Oscar
del 1999

Italiani celebri
**Francesco Totti e
Christian Vieri**
I calciatori più amati

Tu sei brasiliano?	**Tu sei italiano o tedesco?**	**Voi siete arabi?** *(greci)*
Sì, sono brasiliano	*Io non sono tedesco, sono italiano*	*No, non siamo arabi, ma greci*

1) Tu sei brasiliano?

2) Tu sei argentino?

3) Mario è italiano?

4) Peter è tedesco?

5) Annette è tedesca?

6) Carmen è spagnola?

1) Tu sei italiano o tedesco?

2) Tu sei brasiliano o argentino?

3) Tu sei americano o inglese?

4) Tu sei francese o svizzero?

5) Tu sei svizzera o tedesca?

6) Tu sei araba o greca?

1) Voi siete arabi? (greci)

2) Voi siete australiane? (americane)

3) Voi siete canadesi? (francesi)

4) Voi siete italiani? (svizzeri)

5) Voi siete spagnole? (argentine)

6) Voi siete messicani? (brasiliani)

Italiani celebri

Luciano Pavarotti

È un cantante lirico

Italiani celebri

Claudia Cardinale

Attrice bellissima e bravissima

Chi è Sara? (sorella)	**Chi è Laura?** (amica)	**Chi è Mario?** (fratello)	**Chi è Gino?** (amico)
Sara è mia sorella	*Laura è la mia amica*	*Mario è mio fratello*	*Gino è il mio amico*

1) Chi è Sara?
(sorella)

1) Chi è Laura?
(amica)

1) Chi è Mario?
(fratello)

1) Chi è Gino?
(amico)

2) Chi è Anna?
(madre)

2) Chi è Luisa?
(vicina)

2) Chi è Ugo?
(padre)

2) Chi è Stefano?
(vicino)

3) Chi è Marta?
(zia)

3) Chi è Chiara?
(insegnante)

3) Chi è Giovanni?
(zio)

3) Chi è Franco?
(professore)

4) Chi è Lucia?
(nonna)

4) Chi è Lia?
(dottoressa)

4) Chi è Alberto?
(nonno)

4) Chi è Angelo?
(dottore)

Siamo ragazzi italiani
Siamo ragazzi toscani
Siamo ragazzi europei

Siamo ragazze italiane
Siamo ragazze toscane
Siamo ragazze europee

Italiani celebri

Adriano Celentano

È un cantante di musica leggera

Italiani del passato

Gli italiani sono un popolo di artisti, poeti, santi e musicisti

1 Leonardo Da Vinci

2 S. Caterina da Siena

3 Dante Alighieri

4 Cristoforo Colombo

5 Michelangelo Buonarroti

6 Francesco d'Assisi

7 Giuseppe Verdi

8 Gioacchino Rossini

9 Antonio Vivaldi

Come si chiama la santa n. 2?

La santa n. 2 _____

_____

Come si chiama l'artista n. 5?

L'artista n. 5 _____

_____

Come si chiama il santo n. 6?

Il Santo n. 6 _____

_____

Come si chiama il musicista n. 9?

Il musicista n. 9 _____

_____

L'onomastico

Il calendario italiano è formato dal <u>numero del giorno</u> e dal nome di un <u>SANTO</u>.
Ogni persona festeggia l'<u>onomastico</u> il giorno del santo con il suo nome.
Il nome maschile più usato in Italia è GIUSEPPE. La festa di San Giuseppe falegname, padre di Gesù, è il giorno 19 marzo. San Giuseppe è il patrono degli operai. Dal 1968 in questo giorno si celebra la 'Festa del papà'.
Il secondo nome più diffuso in Italia è GIOVANNI (24 giugno, San Giovanni Battista, 27 dicembre, San Giovanni Apostolo).
Il nome femminile più portato è MARIA (12 settembre), dal nome della Madonna, Madre di Gesù. Il secondo nome più usato è ANNA (26 luglio), da Sant'Anna madre di Maria.

I VENTI NOMI PIÙ DIFFUSI IN ITALIA

1 Giuseppe		11 Carlo	
2 Giovanni		12 Franco	
3 Antonio		13 Domenico	
4 Mario		14 Bruno	
5 Luigi		15 Paolo	
6 Francesco		16 Michele	
7 Angelo		17 Giorgio	
8 Vincenzo		18 Aldo	
9 Pietro		19 Sergio	
10 Salvatore		20 Luciano	

I numeri

DUE MANI, DIECI DITA

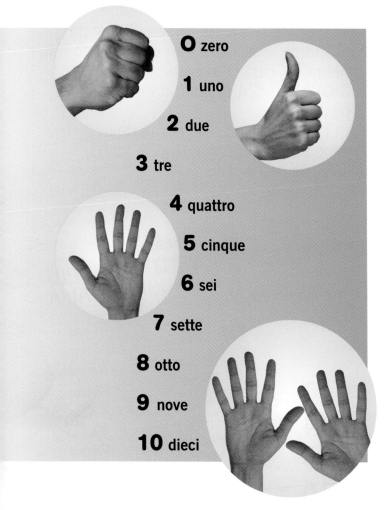

0 zero

1 uno

2 due

3 tre

4 quattro

5 cinque

6 sei

7 sette

8 otto

9 nove

10 dieci

LA SECONDA DECINA

11 undici

12 dodici

13 tredici

14 quattordici

15 quindici **18** diciotto

16 sedici **19** diciannove

17 diciassette **20** venti

Conta le pecore e scrivi il nome dei numeri

pari

dispari

IN ITALIANO SI DICE

Note di fonetica e grammatica

Le vocali italiane	fonetica

Ci sono sette pronunce per le vocali italiane.

a	*casa*	**o** aperto	*nòve*
e aperto	*bèllo*	**o** chiuso	*mólto*
e chiuso	*séra*	**u**	*gruppo*
i	*lira*		

	grammatica

ESSERE

io sono

tu sei

lui/lei è

noi siamo

voi siete

loro sono

ARTICOLI

È **un** ragazzo argentino	→	Sono (**dei**) ragazzi argentini
È **una** ragazza argentina		Sono (**delle**) ragazze argentine

NOMI E AGGETTIVI

maschile-singolare		maschile-plurale
Il professor**e** è italian**o**	→	**I** professor**i** sono italian**i**
Il professor**e** è ingles**e**		**I** professor**i** sono ingles**i**

femminile-singolare		femminile-plurale
La madr**e** è giovan**e**	→	**Le** madr**i** sono giovan**i**
La stazion**e** è grand**e**		**Le** stazion**i** sono grand**i**

IN ITALIANO SI DICE

NOMI E AGGETTIVI

maschile-singolare	
È **un** ragazz**o**	italian**o** brasilian**o** american**o** tedesc**o**
È **un** signore	frances**e** ingles**e** olandes**e** giappones**e**

→

maschile-plurale	
Sono (**dei**) ragazzi	italian**i** brasilian**i** american**i** tedesch**i**
Sono (**dei**) signori	frances**i** ingles**i** olandes**i** giappones**i**

femminile-singolare	
È **una** signora	italian**a** brasilian**a** american**a** tedesc**a**
È **una** stazione	grand**e** important**e** efficient**e** confortevol**e**

→

femminile-plurale	
Sono (**delle**) signore	italian**e** brasilian**e** american**e** tedesch**e**
Sono (**delle**) stazioni	grand**i** important**i** efficient**i** confortevol**i**

ARTICOLI   NOME   AGGETTIVI

ARTICOLI		NOME		AGGETTIVI	
il	i	il fratell-**o**	i fratell-**i**	italian-**o**	italian-**i**
la	le	la sorell-**a**	le sorell-**e**	brasilian-**a**	brasilian-**e**
		il professor-**e**	i professor-**i**	ingles-**e**	ingles-**i**
		la stazion-**e**	le stazion-**i**	verd-**e**	verd-**i**

POSSESSIVI

maschile-singolare	femminile-singolare
il **mio** amico il **mio** insegnante il **mio** vicino	la **mia** amica la **mia** insegnante la **mia** vicina

NUMERI

0	zero								
1	uno	**2**	due	**3**	tre	**4**	quattro	**5**	cinque
6	sei	**7**	sette	**8**	otto	**9**	nove	**10**	dieci
11	undici	**12**	dodici	**13**	tredici	**14**	quattordici	**15**	quindici
16	sedici	**17**	diciassette	**18**	diciotto	**19**	diciannove	**20**	venti

VERIFICA DEL MODULO A

Usa il tuo italiano

3 signore

Leggere e completare

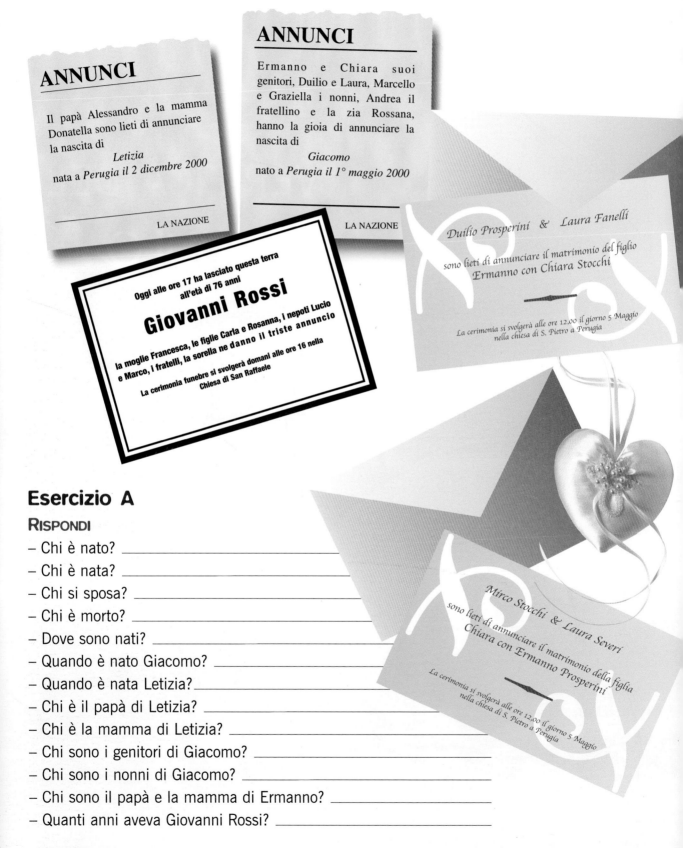

ANNUNCI

Il papà Alessandro e la mamma Donatella sono lieti di annunciare la nascita di

Letizia

nata a *Perugia* il 2 dicembre 2000

LA NAZIONE

ANNUNCI

Ermanno e Chiara suoi genitori, Duilio e Laura, Marcello e Graziella i nonni, Andrea il fratellino e la zia Rossana, hanno la gioia di annunciare la nascita di

Giacomo

nato a *Perugia* il 1° maggio 2000

LA NAZIONE

Oggi alle ore 17 ha lasciato questa terra all'età di 76 anni

Giovanni Rossi

la moglie Francesca, le figlie Carla e Rosanna, i nepoti Lucio e Marco, i fratelli, la sorella ne danno il triste annuncio

La cerimonia funebre si svolgerà domani alle ore 16 nella Chiesa di San Raffaele

Duilio Prosperini & Laura Fanelli

sono lieti di annunciare il matrimonio del figlio
Ermanno con Chiara Stocchi

La cerimonia si svolgerà alle ore 12,00 il giorno 5 Maggio nella chiesa di S. Pietro a Perugia

Mirco Stocchi & Laura Severi

sono lieti di annunciare il matrimonio della figlia
Chiara con Ermanno Prosperini

La cerimonia si svolgerà alle ore 12,00 il giorno 5 Maggio nella chiesa di S. Pietro a Perugia

Esercizio A

RISPONDI

– Chi è nato? _____

– Chi è nata? _____

– Chi si sposa? _____

– Chi è morto? _____

– Dove sono nati? _____

– Quando è nato Giacomo? _____

– Quando è nata Letizia? _____

– Chi è il papà di Letizia? _____

– Chi è la mamma di Letizia? _____

– Chi sono i genitori di Giacomo? _____

– Chi sono i nonni di Giacomo? _____

– Chi sono il papà e la mamma di Ermanno? _____

– Quanti anni aveva Giovanni Rossi? _____

3 signore

Esercizio B
Ricerca e riscrivi tutti i nomi di famiglia che trovi negli annunci

_____

_____

_____

Esercizio C
RISPONDI

Quale è la forma di saluto più comune in Italia?

_____

Quali altre forme di saluto ricordi?

_____

Quando si usano?

_____

_____

Esercizio D
RISPONDI

Quanti sono i primi Stati che formano la Comunità Europea?

_____

Quali sono i nomi più comuni in ogni Nazione Europea?

_____

Come si chiama la moneta Europea?

_____

Prova a scrivere le capitali degli Stati Europei?

_____

_____

Esercizio E
RISPONDI

Quali nomi di Italiani celebri conosci?

_____

PAROLE di FAMIGLIA

Il papà
La mamma
Il nonno
La nonna
Il figlio
La figlia
Il fratello
La sorella
Lo zio
La zia
Il cugino
La cugina
Il suocero — father in law
La suocera — mother in law
Il genero — son in law
La nuora — daughter in law
Il cognato — brother in law
La cognata — sister in law
Il nipote
La nipote
Il bisnonno
La bisnonna
I parenti
I genitori

Trova le stesse parole nella tua lingua con l'aiuto dell'insegnante o del vocabolario

Esercizio F
Prova a fare la domanda

_____ ? – Sono un ragazzo.
_____ ? – Ho quattordici anni.
_____ ? – Abito in Via Verdi, numero 12.
_____ ? – Sto bene, grazie.
_____ ? – Sono nato a San Paolo.
_____ ? – Sono nato il 21 aprile 1995.
_____ ? – Mio padre si chiama Luigi.
_____ ? – No, non ho sorelle.

Esercizio G
Presentati. Devi dire il nome, il cognome, l'età, la nazionalità e l'indirizzo.

_____

_____

Esercizio H
Presenta il tuo amico. Devi dire il suo nome, cognome, età, nazionalità, indirizzo e sport preferito.

Esercizio I

ANNUNCIO

Sono una ragazza italiana di 14 anni. Frequento la terza media. Amo la musica (specialmente latino-americana) e giocare a tennis. Desidero comunicare con ragazze e ragazzi stranieri dai 14 ai 18 anni. È possibile avere anche una foto? Rispondo a tutti. Grazie.
Laura Sebastiani
Piazza Giotto, numero 14
37100 Verona

CERCO E TROVO

Rispondi a questo annuncio.

Esercizio L
Prova tu a fare un annuncio per ragazze e ragazzi italiani.

Esercizio M
Elimina l'intruso
- Europa, Africa, Francia, America, Asia, Australia
- Bongiorno, ciao, arrivederci, buon viaggio, grazie, addio
- Giuliano, Bruno, Gabriella, bambina, Lucia, Lino
- Roma, Milano, Colosseo, San Paolo, Genova, Rio
- cinque, otto, tre, primo, nove, diciassette

Esercizio N

Prepara i tuoi biglietti da visita.
Ritaglia dei cartoncini e disegna qualche cosa che possa indicare il tuo cognome e che ti piace. Aggiungi il tuo nome come in un normale biglietto da visita.

Esercizio O

Prepara biglietti da visita per amici o amiche.

Esercizio P

Scrivi tutte le parole italiane che conosci e sono presenti nella tua lingua.

Esercizio Q

Riordina nomi e cognomi con l'aiuto dell'insegnante.

Leonardo	Rossini
Cristoforo	**Da Vinci**
Giuseppe	Colombo
Gioacchino	Alighieri
Dante	Buonarroti
Michelangelo	D'Assisi
Francesco	Verdi

MODULO B
unità 4

I COLORI
Di che colore è?

Di che colore è la bandiera italiana?
La bandiera italiana è verde, bianca e rossa

Collegare la frase alla lettera corrispondente

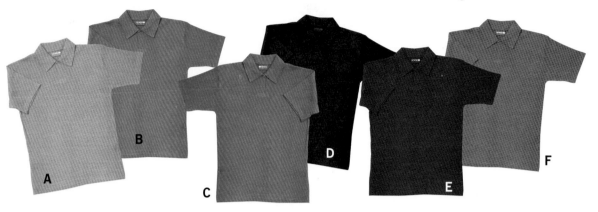

☐ La maglietta è rossa   ☐ La maglietta è grigia   ☐ La maglietta è gialla

☐ La maglietta è azzurra   ☐ La maglietta è verde   ☐ La maglietta è nera

la rosa

il ciclamino

Per parlare subito

Di che colore è la tua maglia? *(rossa)*	**Di che colore sono le tue scarpe?** *(nere)*
La mia maglia è rossa	*Le mie scarpe sono nere*

1. Di che colore è la tua maglia? *(rossa)*

1. Di che colore sono le tue scarpe? *(nere)*

2. Di che colore è la tua camicia? *(bianca)*

2. Di che colore sono le tue calze? *(grigie)*

3. Di che colore è la tua penna? *(gialla)*

3. Di che colore sono le tue penne? *(gialle)*

4. Di che colore è la tua sciarpa? *(verde)*

4. Di che colore sono le tue matite? *(blu)*

Rispondere secondo il modello

olc signore

Di che colore è il tuo libro? *(giallo)*

Il mio libro è giallo

1. **Di che colore è il tuo libro?** *(giallo)*

2. **Di che colore è il tuo cappotto?** *(grigio)*

3. **Di che colore è il tuo cappello?** *(bianco)*

Di che colore sono i tuoi occhi? *(chiari)*

I miei occhi sono chiari

1. **Di che colore sono i tuoi occhi?** *(chiari)*

2. **Di che colore sono i tuoi capelli?** *(castani)*

3. **Di che colore sono i tuoi pantaloni?** *(blu)*

il mughetto

il garofano

il girasole

Di che colore è?

la rosa *è rossa*

Il giglio è _____

Il ciclamino è _____

Il mughetto è _____

Il girasole è _____

l'iris è _____

il garofano è _____

il giglio

l'iris

Leggere e completare

L'Italia - campione
mondiale 1982

Totti

Il Brasile - campione
mondiale 1994

Ronaldo

I colori della **Nazionale Italiana** sono **azzurro** e **bianco**

_____ colori della **Fiorentina** _____ **viola** e **bianco**

_____ del **Palermo** _____ **rosa** e **nero**

_____ della **Juventus** sono **bianco** e **nero**

_____ dell'**Inter** _____ **nero** e **azzurro**

_____ del **Milan** _____ **rosso** e **nero**

_____ della **Roma** _____ **giallo** e **rosso**

_____ del **Perugia** _____ **bianco** e **rosso**

Rispondere

Di che colore è la bandiera italiana?

La bandiera italiana è _____

Quali sono i colori della Nazionale italiana di calcio?

_____

Di che colore è la macchina Ferrari?

_____

Quali sono i colori della tua Nazionale di calcio?

_____

Di che colore è la maglia della Juventus?

_____

Di che colore è la maglia dell'Inter?

_____

Di che colore è il mare?

_____

Di che colore è la neve?

_____

Di che colore sono i limoni?

_____

Di che colore sono le fragole?

_____

Di che colore sono i palloncini?

_____

Di che colore è il pallone da basket?

_____

Il teatro

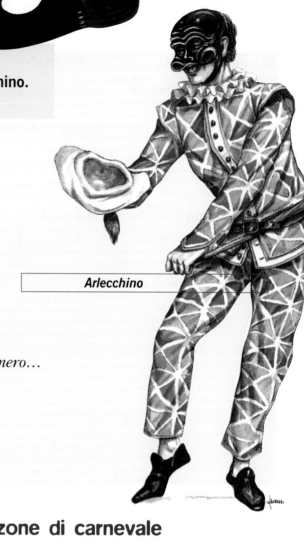

Siamo in un teatro.
Ci sono le maschere italiane. Pulcinella ed Arlecchino.
I ragazzi le guardano e parlano tra di loro.

Chi è quella maschera?
È Pulcinella.
Di che colore è il vestito di Pulcinella?
È bianco.
Che cosa ha sul viso?
Ha la maschera.
Di che colore è la sua maschera?
La sua maschera è nera.
E l'altro chi è?
È Arlecchino.
Di che colore è il vestito di Arlecchino?
È di tanti colori: rosso, bianco, verde, celeste, giallo, nero…
Che cosa ha nelle mani?
Nelle mani ha un cappello.
Di che colore è il cappello di Arlecchino?
Il suo cappello è bianco.

Arlecchino

Pulcinella

Canzone di carnevale

Pulcinella ha un gallo;
tutto il giorno ci va a cavallo
con la briglia, con la sella
viva il gallo di Pulcinella!
Pulcinella ha un gatto:
tutto il giorno salta da matto
suona sempre una campanella
viva il gatto di Pulcinella.

(Filastrocca popolare)

Leggere e ripetere

In teatro

Siamo in un teatro.
Ci sono le maschere Pulcinella ed Arlecchino.
Pulcinella è la maschera con il vestito bianco.
Anche il cappello è bianco.
Ha una maschera nera sugli occhi.
Arlecchino ha un vestito di tanti colori: rosso, bianco, verde, blu, giallo, nero, grigio,...
In mano ha un cappello bianco.
È molto allegro e spiritoso, ma ha sempre fame.

la maschera

Rispondere

Dove siamo? – *Siamo in un teatro.*

Chi sono le due maschere? – *Sono Pulcinella e* _____

Chi è la maschera con il vestito bianco? – *È* _____

Che cosa ha sul viso Pulcinella? – _____

Di che colore è la maschera di Pulcinella? – _____

Di che colore è il vestito di Arlecchino? – _____

Che cosa ha in mano Arlecchino? – _____

Completare

Siamo _____ *un teatro.*

Ci _____ *le maschere Pulcinella* _____ *Arlecchino.*

Pulcinella _____ *la maschera con* _____ *vestito bianco.*

Anche il _____ *è bianco.*

Ha _____ *maschera nera sugli* _____ *.*

Arlecchino ha un _____ *di tanti colori:* _____ *, bianco, verde, blu,*

_____ *, nero, grigio, ...*

In _____ *ha un cappello* _____ *.*

È molto allegro _____ *spiritoso, ma ha* _____ *fame.*

In palcoscenico

il coro

Siamo in una delle tante città del mondo di tradizione italiana. Grande festa.

Il coro dei ragazzi e delle ragazze guidato dalla maestra di musica canta. Canzoni italiane, canzoni di tutto il mondo.

Il gruppo di ballerini e ballerine danza sulla musica di motivi italiani.

la danza folcloristica

le bandiere

Costumi, parole, suoni, palloncini portano i colori delle bandiere italiana e del proprio Paese.

Dicembre

È la fine dei corsi di lingua.
Grande festa.
Studenti, professori, famiglie
sono insieme.
Si canta, si balla, si beve,
si mangia, si ride, si parla,
si fa teatro.

lo spettacolo di fine corso

la recita di Natale

È anche la festa del Natale
IL PRESEPE

Nel ricordo di San Francesco di Assisi
si organizza il Presepe vivente.
Una dolce e sorridente Maria ha
in braccio Gesù.
Giuseppe accanto, con il bastone,
guarda.
Vicino i pastori e i visitatori.

Rispondere

Dove siamo? – *Siamo in* _____

Quali sono i colori della festa? – *Sono* _____

Quando finiscono i corsi di lingua? – *A* _____

Chi è la ragazza con il Bambino? – _____

Come si chiama il ragazzo con il bastone? – _____

Come si chiama il Bambino? – _____

Osservare, leggere e ripetere

MILANO:
Meneghino
Cecca

BERGAMO:
Gioppino
Arlecchino

TORINO:
Gianduia

VENEZIA:
Pantalone

GENOVA:
Geppin

BOLOGNA:
Balanzone, Sgana

FIRENZE:
Stenterello

Pantalone

Gianduia

Rugantino

Meneghino

ROMA:
Rugantino

BARI:
Pancrazio

NAPOLI:
Pulcinella

CAGLIARI:
Mamutones

CATANZARO:
Giangurgolo

PALERMO:
Peppe Nappa

Le maschere italiane

Leggere e completare

La maschera di Milano è Meneghino

La maschera di Torino è _____

La maschera di Bergamo è _____

La maschera di Venezia è _____

La maschera di Roma è _____

La maschera di Napoli è _____

Mi maschero da
Pulcinella
Arlecchino
Dottore
Fata
Pirata

IN ITALIANO SI DICE

Rossa come la bocca

Giallo come un pulcino

Verde come gli alberi

Rosso come il tramonto

Giallo come il sole
Bianca come la neve
Bianco come il latte
Nera come la notte

Rossa come le fragole

Il limone e l'arancia

Un limone
di stagione
ad un ballo
tutto giallo
una sera se ne va.
Dopo un po' vede seduta
un'arancia da spremuta
con la gonna arancione
e le scarpe un po'
marrone
che guarda intorno a sé.
Il limone dice allora:
Vuol ballare signorina?
E si mettono a danzare
fino all'alba lì sul mare.

Chi cerca trova

Chi cerca trova
una scarpa sola,
una cravatta
azzurra e viola,
un bel cappello
con i fiocchi neri
e una camicia
di velluto a fiori,
un paio di blu jeans
color rosa.
Si veste, esce
e corre al carnevale.

(da S.G. Bordigliani, *Ambasciator non porta pena*,
Einaudi, Trieste '98).

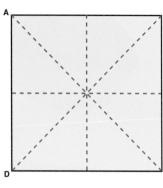

Una Farfalla di carta

Prendi un foglio quadrato ed esegui le piegature richieste

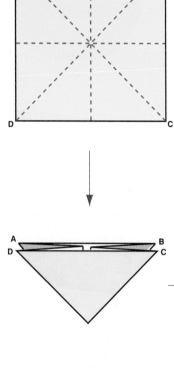

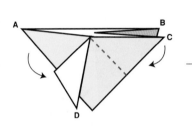

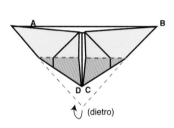

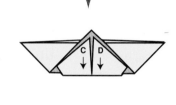

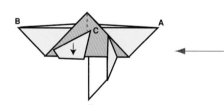

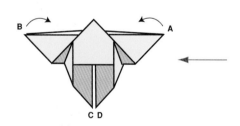

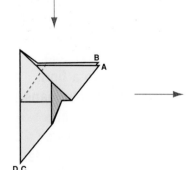

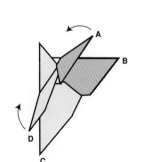

La farfalla è pronta, puoi farla volare!

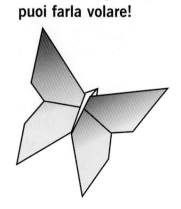

Il canto di una mattina in Brasile

Le farfalle
ballano
velocemente
un
ballo
rosso
nero
arancione
verde
azzurro
bianco
granata
giallo
violetto
nell'aria,
nei fiori,
nel nulla,
sempre volanti,
consecutive,
e remote.

(Pablo Neruda, *Poesie*, Sansoni)

1. Leggi, ripeti e impara a memoria la poesia

2. Cosa vuol dire:

sempre volanti?

☐ *che non si fermano mai*
☐ *che si fermano solo un momento*
☐ *che sono sempre in volo*

remote?

☐ *antiche*
☐ *lontane*
☐ *stanche*

consecutive?

☐ *colorate*
☐ *in fila*
☐ *in movimento*

IN ITALIANO SI DICE

Note di fonetica e grammatica

Osservazioni sulle consonanti	fonetica

1. **c + a/o/u.** Si pronuncia ka, ko, ku

   Es: **c**aro – **C**arlo, ami**c**o, **co**mprare, **cu**ore

2. **c + e/i.** Ha pronuncia dolce

   Es: **ce** – **ce**lebre, **ce**nto, **ce**rtamente, feli**ce**, dol**ce**
   ci – **ci**ao, **ci**nese, **ci**occolato, fa**ci**le, medi**ci**na

3. **ch + e/i.** Quando la lettera **h** è tra la **c** e le vocali **e/i** il suono è **ke**, **ki**

   Es: per**ché**, mac**che**roni, mas**che**ra, **chi**lometro, **chi**lo, **chi**mico, oc**chi**o

DIMOSTRATIVO	grammatica

Questo è il mio libro **Questa** ragazza è carina		**Questi** sono i miei libri **Queste** ragazze sono carine

Attenzione: **Questo** è sempre senza articolo

COLORI

SINGOLARE		PLURALE	
Maschile	*femminile*	*Maschile*	*femminile*
rosso	rossa	rossi	rosse
nero	nera	neri	nere
giallo	gialla	gialli	gialle
azzurro	azzurra	azzurri	azzurre
bianco	bianca	bianchi	bianche
verde		verdi	
rosa			
viola			
blu			
marrone			

Che cosa è?
È un libro
Di chi è?
È il libro di Lucio

MODULO B
unità 5

LE COSE
Che cosa è? Di chi è?

Che cosa è?
È uno zaino per i libri
Di chi è?
È lo zaino di Lucio

Che cosa è?
È un orologio da polso
Di chi è?
È l'orologio di Lucio

Che cosa è?
È un pallone da calcio
Di chi è?
È il pallone di Lucio

Leggere e ripetere con un compagno

Che cosa è?
È un telefono cellulare
Di chi è? È di Mario?
No, è di suo fratello
Paolo, ecco il tuo telefonino.
Grazie! Grazie tante!

Che cosa è?
È un radioregistratore
Di chi è? È di Carla?
Non è di Carla. È della zia Franca

Che cosa è?
È un orologio
Di chi è? È tuo?
No, non è mio

Che cosa è?
È uno zaino
Di chi è?
È di Luca

Che cosa sono?
Sono guanti
Di chi sono?
Non lo so

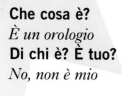

Che cosa è, uno zaino speciale
No, è una cartella da ufficio
Di chi è?
È di mia madre!

Che cosa è?
È una camicetta
Di chi è? È di Carla?
No, è di Remo sicuramente!

Maria, sai di chi sono queste scarpe?
No, non lo so... forse sono di Paolo

Per parlare subito

L'insegnante prende un oggetto, lo mostra, domanda e la classe risponde

Che cosa è? È un quaderno?
Sì, è un quaderno

1. Che cosa è? È un quaderno?

2. Che cosa è? È un libro?

3. Che cosa è? È un foglio?

4. Che cosa è? È una matita?

5. Che cosa è? È una fotografia?

6. Che cosa è? È una penna?

le forbici

Che cosa sono? Sono quaderni?
Sì, sono quaderni

1. Che cosa sono? Sono quaderni?

2. Che cosa sono? Sono libri?

3. Che cosa sono? Sono penne?

4. Che cosa sono? Sono forbici?

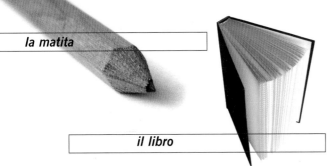

la matita

il libro

gli occhiali

Di chi è questo libro?
Il libro è mio

1. Di chi è questo libro?

2. Di chi è questo foglio?

3. Di chi è questo astuccio?

4. Di chi è questa cartella?
   La cartella è mia
5. Di chi è questa sciarpa?

6. Di chi è questa matita?

Di chi sono questi guanti?
I guanti sono miei

1. Di chi sono questi guanti?

2. Di chi sono questi occhiali?

3. Di chi sono questi quaderni?

4. Di chi sono questi pastelli?

5. Di chi sono queste penne?
   Le penne sono mie
6. Di chi sono queste foto?

7. Di chi sono queste forbici?

8. Di chi sono queste matite?

Per parlare subito
Rispondere secondo il modello

Che cosa è?
È una bicicletta

Di chi è la bicicletta?
È di papà

È tuo questo zaino?
Sì, lo zaino è mio

1. È tuo questo zaino?

2. È tuo questo pennarello?

3. È tuo quest'orologio?

4. È tuo questo libro?

5. È tuo questo motorino?

6. È tuo questo cappello?

Che cosa sono?
Sono motorini

È tua questa camicetta?
Sì, la camicetta è mia

1. È tua questa camicetta?

2. È tua questa gonna?

3. È tua questa sciarpa?

4. È tua questa borsa?

5. È tua questa gonna?

6. È tua questa macchina?

Di chi è il motorino, di Mario *(suo)*
Sì, è suo

1. Di chi è il motorino, di Mario? *(suo)*

2. Di chi è il registratore, del professore *(suo)*

3. Di chi è la macchina, di Luigi? *(sua)*

4. Di chi è questa valigia, di Simone? *(sua)*

5. Di chi sono questi guanti, di Carla? *(suoi)*
   Sì, sono suoi

6. Di chi sono questi libri, di Pasquale? *(suoi)*

7. Di chi sono queste scarpe, di Sandra? *(sue)*

8. Di chi sono queste fotografie, di Andrea? *(sue)*

Di chi sono?
Sono dei ragazzi

Per parlare subito
Rispondere secondo il modello

Che cosa è?
È la torre di Pisa

Che cosa è?
È un affresco;
è S.Francesco
Di chi è?
È di Giotto

Leggi e completa

Di chi sono questi pennarelli? *(miei)*
Sono miei, i pennarelli

1. Di chi sono i pennarelli?

2. Di chi sono i libri?

3. Di chi sono i quaderni?

4. Di chi sono i pantaloni?

5. Di chi sono i biglietti?

6. Di chi sono i dischi?

Che cosa è?
È una statua; è il
David
Di chi è?
È di Michelangelo

Rispondere secondo il modello

Sono vostri questi dischi? *(nostri)*
Sì, i dischi sono nostri

1. **Sono vostri questi dischi?** *(nostri)*

2. **Sono vostri questi motorini?** *(nostri)*

3. **Sono nostri questi giornalini?** *(nostri)*

4. **Sono vostre queste mazze da golf?** *(nostre)*

5. **Sono vostre queste racchette?** *(nostre)*

6. **Sono vostre queste videocassette?** *(nostre)*

Che cosa è?
È un dipinto; è Monna Lisa, la Gioconda
Di chi è?
È di Leonardo da Vinci

Sono nostre queste biciclette? *(nostre)*
No, le biciclette non sono nostre

1. **Sono nostre queste biciclette?** *(nostre)*

2. **Sono tue queste palle da tennis?** *(mie)*

3. **Sono di Mario le scarpe?** *(sue)*

4. **Di chi è l'orologio, è del papà?** *(suo)*

5. **Di chi è il telefonino cellulare, è di Simone?** *(suo)*

6. **Sono di Fausto questi guanti?** *(suoi)*

Che cosa è?
È un dipinto; è l'Assunta
Di chi è?
È di Tiziano

IN ITALIANO SI DICE

Note di fonetica e grammatica

Osservazioni sulle consonanti	fonetica

1. La consonante **h** non ha suono.

- Si trova nel verbo *avere*

  Es: Io **h**o, tu **h**ai, lui **h**a, loro **h**anno

- Si trova dopo **c** e **g** + **e/i** per avere i suoni **ke/ki**, **ghe/ghi**

  Es: **chi**ave, **chi**edere, ban**che**, lar**ghe**, lun**ghi**, ma**ghi**

2. La cononante **q** è sempre insieme a **u**, **ku** e ha il suono **kua/kue/kui/kuo**

  Es: **qua**ndo, **qu**esto, **qui**ndici, **quo**tidiano

DIMOSTRATIVO	grammatica

Questo è il mio libro	**Questi** sono i miei libri
Questa è la mia penna	**Queste** sono le mie penne
Questo è il suo quaderno	**Questi** sono i suoi quaderni
Questa è la sua maglietta	**Queste** sono le sue magliette
Quello è il nostro posto	**Quelli** sono i nostri posti
Quella è la nostra foto	**Quelle** sono le nostre foto
Quell'aula è chiusa	**Quelle** aule sono chiuse
Quel libro è mio	**Quei** libri sono miei
Quell'albero è verde	**Quegli** alberi sono verdi
Quello studente è bravo	**Quegli** studenti sono bravi

IN ITALIANO SI DICE

Note di grammatica

POSSESSIVO · grammatica

Questo è **il mio** libro	→	Questi sono **i miei** libri
Questa è **la mia** penna	→	Queste sono **le mie** penne
Questo è **il suo** quaderno	→	Questi sono **i suoi** quaderni
Questa è **la sua** camicetta	→	Queste sono **le sue** camicette
Questo è **il nostro** posto	→	Questi sono **i nostri** posti
Questa è **la nostra** foto	→	Queste sono **le nostre** foto
Questo è **il vostro** amico	→	Questi sono **i vostri** amici
Questa è **la vostra** amica	→	Queste sono **le vostre** amiche
Questo è **il loro** vestito	→	Questi sono **i loro** vestiti
Questa è **la loro** macchina	→	Queste sono **le loro** macchine

DI CHE COSA È?

il bicchiere   **di vetro**
il tavolo   **di legno**
l'anello   è   **d'oro**
il bracciale   **d'argento**

DI CHE COSA SONO?

i guanti   **di pelle**
le scarpe   **di tela**
le penne   sono   **di plastica**
le chiavi   **di ferro**

MODULO B
unità 6

I VESTITI
Che cosa hai?

Che cosa hanno Margherita e Carlo?
Margherita e Carlo hanno vestiti bianchi
Che cosa ha Margherita?
Margherita ha un vestito bianco, senza maniche
Che cosa ha Carlo?
Carlo ha pantaloni corti e camicia bianca, aperta.
Anche le scarpe sono bianche

Che cosa ha Sara?
Sara ha un cappello verde e giallo e un vestito celeste

Che cosa ha Chiara?
Chiara ha un mazzo di fiori gialli

Che cosa ha il dottore?
Il dottore ha gli occhiali da vista e il camice bianco

La moda:
giochiamo a fare le modelle

1. Golfino rosa
2. Pantaloni sportivi

Laura
per uscire con gli amici

Rita
per le occasioni importanti

Gianna
per andare a scuola

Carla
per il tempo libero

1. Golfino ai ferri
2. Gonna a quadri

1. Camicia bianca
2. Pantaloni

1. Completo grigio
2. Piumino lungo
3. Stivali
4. Cappello

Completare le frasi

Gianna	ha	un golfino e una gonna
_____	_____	una camicia e i pantaloni
_____	_____	i pantaloni e un golfino
_____	_____	un abito e un piumino

Biancheria intima

boxer

mutande

calzini

canottiera

collant

Rispondere

Che cosa ha Anna?
Anna ha un abito blu e un golfino bianco, aperto

Che cosa ha Paola?
Paola ha _____

Che cosa ha Rita?
Rita _____

Che cosa ha Carla?

_____

I vestiti

Che cosa ha?   **Che cosa non ha?**

Claudio ha le scarpe

Claudio ha i pantaloni

Laura ha la camicetta

Gianna non ha la gonna

Claudio non ha i pantaloni

Claudio non ha le scarpe

Rispondere secondo il modello

i pantaloni

il cappello

le scarpe

Claudio ha i pantaloni o la gonna?
Claudio ha i pantaloni

1. Claudio ha i pantaloni o la gonna?

2. Claudio ha la camicia o la camicetta?

3. Gianna ha la giacca o la camicia?

4. Gianna ha la gonna o i pantaloni?

Claudio ha la gonna? *(i pantaloni)*
No, No, Claudio ha i pantaloni

1. Claudio ha la gonna? *(i pantaloni)*

2. Claudio ha la camicetta? *(la camicia)*

3. Gianna ha i pantaloni? *(la gonna)*

4. Gianna ha la giacca? *(la camicetta)*

5. Gianna ha la camicia? *(il cappello)*

la giacca di pelle

la gonna

la giacca a vento

Chiara...

Chiara è una ragazza italiana.
I suoi genitori si chiamano Rossana e Giancarlo.
Suo fratello si chiama Andrea.
Chiara abita a Roma, in via Trastevere, numero 2.
I signori Franchi sono i suoi vicini di casa. La loro figlia,
Lucia, è sua amica.
In camera sua, Chiara, ha un armadio con tutti i suoi vestiti:
le camicette, le giacche, i maglioni, i pantaloni, le gonne,
le calze, le felpe, il cappello.
Lucia frequenta la stessa scuola.
Anche Lucia ha dei bei vestiti.

E tu? Prova a nominare i tuoi vestiti

Leggere e completare

Chi è Chiara?
Chiara è una ragazza italiana
Chiara è brasiliana?
No, Chiara non è brasiliana, ma è italiana

Come si chiamano i suoi genitori?
I suoi genitori si _____
Come si chiama suo fratello?
Suo _____
Dove abita Chiara?
Chiara abita a _____
In quale via abita?
_____
Chi sono i suoi vicini?
_____
Quali vestiti ha Chiara?
_____
Come si chiama l'amica di Chiara?
L'amica di Chiara _____
Chi è Lucia?
Lucia è l'amica _____

Lo chiamo. Non lo chiamo. Lo chiamo. Mi ha chiamato lui.

Cosa mi metto?

TOP IN RETINA
€ 12,90 £ 24.978
PANTALONE IN PURO
COTONE A VITA BASSA
€ 29,90 £ 57.893
OCCHIALI A PARTIRE DA
€ 10,19 £ 19.731

oviesse
Vesto bene, spendo meglio.

Per conoscere gli indirizzi dei 200 negozi, Internet www.oviesse.it

IN ITALIANO SI DICE
Che cosa hai?

Ho mal di denti

Ho mal di pancia
Ho mal di gola
Ho mal di stomaco

Ho mal di testa

Ho sete, tanta sete

Ho voglia di un gelato

Ho voglia di un caffè

Ho tanta fame

Ho voglia di una pizza

Leggere e completare

Sei un ragazzo o una ragazza?

Sono _____

Sei italiano/italiana?

No, non _____ _____, *ma* _____

Come si chiama il papà?

Il mio papà si _____ _____

Come si chiama la mamma?

La mia _____ _____ _____

Dove abiti?

Abito a _____

In quale via abiti?

Abito in _____

Dove abita il tuo amico?

Il mio _____ _____ _____

Dove abita la tua amica?

La mia _____ _____ _____

Completare

Io sono un ragazzo brasiliano/una ragazza brasiliana
Io non sono italiano/italiana

I miei genitori si chiamano _____

_____

Mio fratello si chiama _____

Mia sorella _____ _____

Io abito a _____ ,

in via _____

La mia amica è _____

Il mio amico _____ _____

LA FAMIGLIA ITALIANA

Nel 1964 in media ogni mamma aveva 2-7 figli. Da allora il numero dei figli è sempre calato. Nel 1970 era di 2-4. Nel 1980 era di 1-3. Nel 1990 1-2. Oggi si parla di tasso 0, le nascite non pareggiano le morti. L'Italia registra il tasso di nascite più basso del mondo.

IN ITALIANO SI DICE

Note di fonetica e grammatica

Osservazioni sulle consonanti	fonetica

1. Le due consonanti **sc**

   - Se **sc** sono davanti a **i/e**, hanno un solo suono

     Es: **sc**endere, cre**sc**ere, **sc**immia, u**sc**ire, la**sc**iare

   - Se **sc** sono davanti a **a/o/u**, hanno ognuna un suono separato

     Es: **scu**ola, **scu**sa, **sca**tola, a**sc**oltare, pe**sc**are, pa**sc**olo

2. Le due consonanti **gl** davanti a **i**, hanno un solo suono.

     Es: e**gl**i, fi**gl**io, fo**gl**ia, vo**gl**io, ta**gl**iare

grammatica

AVERE
io ho
tu hai
lui/lei ha
noi abbiamo
voi avete
loro hanno

FORMA NEGATIVA
Non sono straniero
Questo film **non** è interessante
Non parlo bene l'italiano

IN ITALIANO SI DICE

Note di grammatica

grammatica

AGGETTIVO A QUATTRO FORME

SINGOLARE		PLURALE	
maschile	*femminile*	*maschile*	*femminile*
italian-**o**	italian-**a**	italian-**i**	italian-**e**
brasilian-**o**	brasilian-**a**	brasilian-**i**	brasilian-**e**
ross-**o**	ross-**a**	ross-**i**	ross-**e**
simpatic-**o**	simpatic-**a**	simpatic-**i**	simpatich-**e**

AGGETTIVO A DUE FORME

SINGOLARE		PLURALE	
maschile	*femminile*	*maschile*	*femminile*
gentil-**e**		gentil-**i**	
verd-**e**		verd-**i**	
facil-**e**		facil-**i**	
grand-**e**		grand-**i**	

NOME MASCHILE	NOME FEMMINILE	NOME MASCHILE E FEMMINILE
il professore	la professoressa	il medico
il dottore	la dottoressa	il sindaco
lo studente	la studentessa	il giudice
il principe	la principessa	il/la giornalista
il direttore	la direttrice	il/la dentista
l'attore	l'attrice	il/la farmacista
il pittore	la pittrice	il/la pianista

VERIFICA DEL MODULO B

Usa il tuo italiano

Esercizio A
Completa

Piero è nato a Firenze, è *fiorentino*
Alessio è nato a Bologna, è _____
Ennio è nato a Milano, è _____
Riccardo è nato a Genova, è _____
Pina è nata a Venezia, è _____
Chiara è nata a Perugia, è _____
Sandra è nata a Roma, è _____
Rosanna è nata a Torino, è _____

Esercizio B
Completa con la nazionalità

Marianne Pulz è nata a Berna, è *svizzera*
Luigi Bianchi è nato a Palermo, è _____
Ronaldo è nato a Rio de Janeiro, è _____
James Brown è nato a Detroit, è _____
Kathy Word è nata a Londra, è _____
Pedro Hernandez è nato a Barcellona, è _____
Fang Feng è nata a Pechino, è _____
Jumiko Tanaka è nata a Tokyo, è _____

Esercizio C
Metti l'articolo giusto

- Tu sei _____ ragazzo o _____ ragazza?
- Dove abita _____ tua amica?
- _____ miei genitori si chiamano Marcello e Anna.
- Anna ha _____ abito blu e _____ golfino bianco.
- In camera sua, Chiara ha _____ armadio con tutti _____
suoi vestiti: _____ camicette, _____ giacche, _____
maglioni, _____ pantaloni, _____ gonne, _____ calze,
_____ cappello.

PARLARE con i FIORI

*Rose rosse
per dire "amore"*

*Fiori bianchi
per un
matrimonio*

*Fiori rosa
per la nascita
di una bambina*

*Fiori azzurri
per la nascita
di un bambino*

*Crisantemi
per i morti*

*Fiori di tutti
i colori
per le altre
occasioni*

*I petali della
margherita
per sapere
"mi ama, non
mi ama"*

Esercizio D
Completa

- Ecco _____ foto di Ronaldo.
- Chi è, _____ cantante?
- No, non è _____ cantante.
- È _____ attore?
- No, è _____ calciatore. _____ grande calciatore.
- È italiano?
- No, è brasiliano.
- Tu ami _____ sport?
- Amo tutti _____ sport, ma _____ mia grande passione è _____
  _____ partite alla TV.

Esercizio E
Completa

Di che colore è la tua camicia? – *La mia camicia è rosa*
Di che colore è la tua penna? – _____
Di che colore è il tuo libro? – _____
Di che colore è il tuo quaderno? – _____

Esercizio F
Leggi e scrivi la risposta

Di che colore sono le tue calze? – *Le mie calze sono grigie*
Di che colore sono le tue scarpe? – _____
Di che colore sono i tuoi pantaloni? – _____
Di che colore sono i tuoi capelli? – _____

Esercizio G
Trasforma dal singolare al plurale

Questa maglietta è rossa – *Queste magliette sono rosse*
Questa penna è gialla – _____
Questa matita è blu – _____
Questo cappello è bianco – _____
Questo cappotto è grigio – _____
Questo libro è giallo – _____

LE PAROLE della MODA

Lo stilista

Gli abiti

La passerella

La sfilata

La collezione

La firma

Il marchio di fabbrica

La modella

Il modello

Le sarte

Il tessuto

La lana

La seta

Il cotone

L'acrilico

Il nylon

Trova le stesse parole nella tua lingua con l'aiuto dell'insegnante o del vocabolario

Esercizio H
Completa le frasi (vedi pagina 53-56)

I colori della bandiera italiana sono _____
I colori della bandiera del tuo Paese sono _____
I colori della nazionale di calcio del tuo Paese sono _____
I colori della nazionale di calcio italiana sono _____
Il colore della Ferrari è _____
Il colore della neve è _____

Esercizio I
Scrivi i nomi delle maschere italiane
(Se non ricordi vai alle pagine 58 e 62)

_____
_____
_____

Ascolta una canzone italiana, poi trascrivi tutte le parole che ricordi

_____
_____
_____

cerca, se puoi, di spiegare il significato generale.

_____
_____
_____

cerca il titolo di una canzone del tuo Paese che ti sembra simile

_____
_____
_____

Esercizio M
Metti al femminile queste professioni

Lui è segretario – *Lei è segretaria*
Lui è impiegato – _____
Lui è fotografo – _____
Lui è maestro – _____
Lui è parrucchiere – _____
Lui è un giornalaio – _____

LE PAROLE delle CANZONI

Il musicista
L'autore
Il cantautore
Il testo
La musica
Lo spartito
Le strofe
Il ritornello
Il cantante
La cantante
La base musicale
Il disco
La cassetta
Il C.D.
Il video
Il concerto
L'orchestra
La chitarra
Il pianoforte
Il flauto
Il violino
Il contrabbasso
La pianola
La batteria

Trova le stesse parole nella tua lingua con l'aiuto dell'insegnante o del vocabolario

Esercizio N
Metti al femminile

Questo è il mio professore – *Questa è la mia professoressa*

Questo è il mio dottore –

_____

Questo è uno studente –

_____

Questo è un dentista –

_____

Questo è un artista –

_____

Questo è un farmacista –

_____

Esercizio O
Completa

Ti presento il _____ amico Piero.

Ti presento la _____ famiglia: questo è _____ padre Augusto, questa

è _____ madre Franca, questi sono i _____ nonni.

Questa è la _____ classe e questo è il _____ professore di italiano.

Il _____ nome è Aldo e questi sono i _____ compagni di classe.

Ermanno è _____ cugino; Ermanno è figlio dei _____ zii Laura e Nando.

Ecco il _____ indirizzo e il _____ numero di telefono.

Esercizio P
Rimetti i pronomi personali

_____ mi chiamo Giuliano

_____ siete ragazzi italiani?

_____ è molto stanca e ha mal di testa

_____ abbiamo voglia di una pizza

_____ ha una gonna e una camicetta

_____ abita in Via Verdi, numero 4

_____ hai mal di gola?

Esercizio Q
Elimina l'intruso

rosso, giallo, alto, bianco, verde, azzurro

ortensia, ciliegia, garofano, rosa, ciclamino, mughetto

Palermo, Inter, Palmeiras, Milan, Juventus, Fiorentina

Arlecchino, Pantalone, Rugantino, Pulcinella, Palermo, Balanzone

Mal di pancia, mal vestito, mal di gola, mal di denti, mal di stomaco, mal di testa.

C

napoli città d'arte

MODULO C
unità 7

LA CASA
Dove abiti?

Io sono nato a Roma e abito a Roma in via Mazzini, numero 2.
Mi chiamo Lucio. Sono studente.
Ho tredici anni.
Ho occhi neri e capelli castani.
Sono alto 160 centimetri.

Sono Marta. Sono nata a Roma
Abito anch'io a Roma in via Mazzini, numero 2.
Sono studentessa.
Ho quattordici anni.
Ho occhi e capelli neri.
Sono alta e magra.

Noi siamo i genitori.
Viviamo e abitiamo a Roma in un appartamento in via Mazzini, 2.
Io, il papà, faccio il medico e lavoro in ospedale.
Io, la mamma, sono professoressa di matematica e lavoro in una scuola.

Indica le parole giuste

1. Lucio è nato a
☐ Napoli
☐ Firenze
☐ Roma

2. Lucio abita a
☐ Venezia
☐ Roma
☐ Genova

3. Lucio ha occhi
☐ neri
☐ verdi
☐ azzurri

4. Lucio è alto
☐ 160 centimetri
☐ 145 centimetri
☐ 125 centimetri

5. Marta è
☐ professoressa
☐ studentessa
☐ ingegnere

6. Marta è
☐ alta e magra
☐ bassa e magra
☐ grassa e bassa

7. Il papà fa
☐ il medico
☐ l'avvocato
☐ il professore

8. La mamma è professoressa di
☐ scienze
☐ matematica
☐ italiano

Assisi

Venezia

Leggere e completare

Dove è nato Lucio? *Lucio è nato a Roma.*

Dove abita Lucio? *Lucio abita* _____
Quanti anni ha Lucio? *Lucio* _____
Quanto è alto Lucio? _____
Come è Marta? *Marta è alta e* _____
Come sono i capelli di Marta? *I capelli di* _____
Come sono gli occhi di Marta? *Gli occhi* _____
Che cosa fa il papà? _____
Dove lavora il papà? _____
Che cosa fa la mamma? _____

Roma - la capitale d'Italia

La CARTA D'ITALIA con le REGIONI e I CAPOLUOGHI

TERESA abita a CAGLIARI, in SARDEGNA
PATRIZIA abita a L'AQUILA, in ABRUZZO
MICHELA abita a PALERMO, in SICILIA
GIOVANNA abita a BARI, in PUGLIA
DAVIDE abita a CAMPOBASSO, in MOLISE
CARLA abita a NAPOLI, in CAMPANIA

MARIO abita a ROMA, nel LAZIO
DINO abita a BOLOGNA, in EMILIA ROMAGNA
MARCELLO abita a FIRENZE, in TOSCANA
GIACOMO abita a MILANO, in LOMBARDIA
DONATELLA abita a PERUGIA, in UMBRIA
STEFANO abita ad ANCONA, nelle MARCHE
MARIA abita a POTENZA, in BASILICATA

MASSIMO abita ad AOSTA, in VALLE D'AOSTA
CARLO abita a TORINO, in PIEMONTE
FRANCA abita a TRENTO, in TRENTINO ALTO ADIGE
GIUSEPPE abita a GENOVA, in LIGURIA
MARCO abita a TRIESTE, in FRIULI VENEZIA GIULIA
LORENA abita a VENEZIA, in VENETO
CLAUDIA abita a CATANZARO, in CALABRIA

Guarda la carta d'Italia e rispondi

Dove abita Patrizia?	*Patrizia abita a Pescara in Abruzzo*
Dove è Pescara?	*Pescara è in Abruzzo*
Dove abita Davide?	_____
Dove è Campobasso?	_____
Dove abita Donatella?	_____
Dove abita Giuseppe?	_____
Dove abita Claudio?	_____
Dove abita Franco?	_____
Dove è Genova?	_____
Dove è Palermo?	_____
Dove è Bari?	_____

Rispondi

Tu chi sei?	*Sono un ragazzo*
Dove abiti?	*Abito in* _____
Come ti chiami?	_____
Quanti anni hai?	_____
Quanto sei alto/a	_____
Dove sei nato/a	_____
Che cosa fa il papà?	_____
Che cosa fa la mamma?	_____

Completa

Io sono _____ . *Mi chiamo* _____ . *Abito in via*
_____ . *Il mio papà si chiama* _____ .
La mia mamma si chiama _____ .

Completa

Io _____ *un ragazzo.* _____ *Giovanni.* _____ *in
un appartamento in via Marconi, numero 7.*
Lei _____ *una ragazza.* _____ *Luisa.* _____ *in una villetta
in via Manzoni, numero 12.*
Noi _____ *il papà e la mamma.* _____ *Rossana e Giancarlo.* _____
in via Diaz, numero 1.

Leggi e completa

Chi è?   *È un ragazzo*
Come si chiama?   *Si chiama Marco*
Dove abita?   *Abita in un appartamento, in piazza Dante, numero 53*

Chi è?   *È una ragazza*
Come si chiama?   *Si chiama Chiara*
Dove abita?   *Abita in un appartamento, in viale Carducci, numero 3*

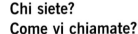

Chi è?   *un* _____
Come si chiama?   _____ *Claudio*
Dove abita?   _____ *in via Marconi, n. 7*

Chi è?   *È una* _____
Come si chiama?   _____ *Giulia*
Dove abita?   _____ *in via Verdi, n. 12*

Chi siete?   *Siamo il papà e la mamma*
Come vi chiamate?   _____ *Alice e Marcello*
Dove abitate?   _____ *in un appartamento, in via Goldoni, n. 5*

Chi siete?   _____ *sorelle*
Come vi chiamate?   _____ *Chiara e Maria Lisi*
Dove abitate?   _____ *in una villetta, in via Rossini, n. 5*

Per parlare subito
Trasforma secondo il modello

San Paolo
Io sono nato a San Paolo

1. San Paolo
2. Buenos Aires
3. Palermo
4. Napoli
5. Budapest
6. Parigi
7. Ginevra

San Paolo
Io abito a San Paolo

1. San Paolo
2. Buenos Aires
3. Palermo
4. Napoli
5. Budapest
6. Parigi
7. Ginevra

papà medico
Papa è medico

1. Papà – medico

2. Mamma – professoressa

3. Lucio – studente

4. Marta – studentessa

5. Livio – ingegnere

6. Anna – avvocato

Milano Duomo

Lucio abita a Roma
Anch'io abito a Roma

1. Lucio abita a Roma
2. Lucio abita a Buenos Aires
3. Lucio abita a Genova
4. Lucio abita a Praga
5. Lucio abita a Napoli
6. Lucio abita a Vienna

Lucio abita a Parigi? (Roma)
No, non abita a Parigi, abita a Roma

1. Lucio abita a Mosca? (Roma)

2. Lucio abita a Madrid? (Roma)

3. Lucio abita a Lisbona? (Roma)

4. Lucio abita a Londra? (Roma)

Milano Galleria

Interno di una casa italiana
Questo è un appartamento

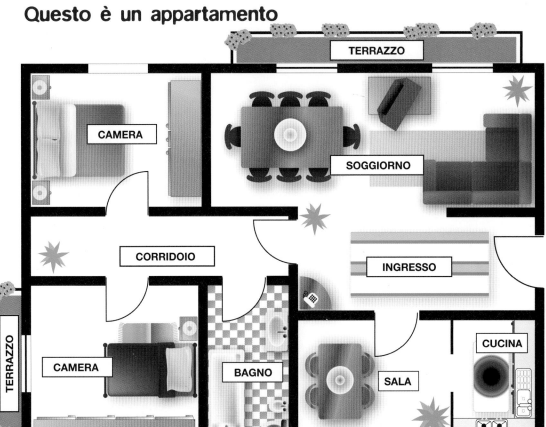

L'ingresso, la sala, il soggiorno, la cucina, due camere da letto, il bagno, il corridoio, due terrazzi. L'ingresso per entrare. La sala per mangiare. Il soggiorno per parlare e guardare la TV. Le camere per dormire.

La cucina

La Posta
Aiuta il postino a consegnare le lettere all'indirizzo giusto
(se non riesci vedi in fondo alla pagina)

1.

Dottor
Ettore CANTELLI
Via Largo Malpighi, n.59
10100 TORINO

2.

Signora
Laura ESPOSITO
Piazza Danti, n.12
80100 NAPOLI

3.

Prof.
Daniele CASALI
Viale Trastevere, n.45
00100 ROMA

Signor
Giovanni NERI
Via Manzoni, n.6
50100 FIRENZE

4.

1. Napoli, il Golfo e il Vesuvio - 2. Torino, la mole Antonelliana - 3. Firenze, la cattedrale e il campanile di Giotto - 4. Roma, il Colosseo.

Vocabolario minimo

CASA

CAPANNA	(casa di paglia, fango, rami)
CASUPOLA	(casa piccola e brutta)
BARACCA	(casa di legno, provvisoria)
CATAPECCHIA	(casa malridotta)
STAMBERGA	(casa misera e inospitale)
ABITURO	(casa povera e spoglia)
TUGURIO	(casa buia e piccola)
TOPAIA	(casa povera e piena di topi)
CASOLARE	(casa isolata, rozza)
CASALE	(gruppo di case in campagna)
CASAMENTO	(grande edificio con più famiglie)
PALAZZO	(grande costruzione per appartamenti e uffici)
VILLA	(casa elegante, isolata e con giardino)
REGGIA	(casa del re)
CASTELLO	(grande costruzione fortificata del Medio Evo)
TENDA	(casa da viaggio)
TANA	(casa per animali selvatici)
STALLA	(casa per animali domestici)

Casale

Appartamenti

Villa

Palazzo signorile

Villette a schiera

IN ITALIANO SI DICE

Note di fonetica e grammatica

Osservazioni sulle consonanti	fonetica

1. g+a/o/u. Si pronuncia con suono duro.

Es: pa**g**are,　　lar**g**o,　　　an**g**uria

2. g + e/i. Si pronuncia con suono dolce.

Es: **ge** – **ge**nte,　　**ge**ntile,　　**ge**ografia,　　a**gge**ttivo,　　o**gge**tto,　　di**ge**rire
　　gi – a**gi**tare,　　**gi**rare,　　**gi**ornale,　　**gi**ocare,　　cora**ggi**o,　　**gi**usto

3. gh + e/i. Quando la lettera **h** è tra la **g** e le vocali **e/i** il suono di **g** è duro.

Es: **ghe** – spa**gh**etti,　　　mar**gh**erita,　　　　lar**ghe**
　　ghi – la**ghi**,　　　　catalo**ghi**,　　　　　**ghi**rlanda

4. gu + vocale. Si prununcia anche il suono di **u**.

Es: **gu**erra,　　　**gu**ida,　　　san**gu**e,　　　se**gu**ire

5. qu + vocale. Si prununcia anche il suono di **u**.

Es: **qu**estione,　　**qu**into,　　cin**qu**e,　　ac**qu**istare,　　e**qu**ivalente

6. gn. Si pronuncia come il portoghese **nh** e lo spagnolo **ñ**

Es: monta**gn**a,　　so**gn**are,　　ba**gn**o,　　accompa**gn**are

IN ITALIANO SI DICE

ABITARE

io abit-**o**
tu abit-**i**
lui/lei abit-**a**
noi abit-**iamo**
voi abit-**ate**
loro abit-**ano**

VIVERE

io viv-**o**
tu viv-**i**
lui/lei viv-**e**
noi viv-**iamo**
voi viv-**ete**
loro viv-**ono**

PREPOSIZIONI

Lucio	abita vive	a	Milano Roma
		in	Italia Toscana un appartamento via Mazzini periferia
	è nato	a	Roma Milano
		in	Toscana Italia

A con nomi di città

IN con nomi di nazioni, regioni, isole, vie e luoghi generici

ARTICOLO

| **lo** | zaino
studente |
| | |

→ **gli**

| | zaini
studenti |

| **l'** | appartamento
ospedale
amico |

→ **gli**

| | appartamenti
ospedali
amici |

il ragazzo
l'amico
lo studente
la signora
l'amica

→

i ragazzi
gli amici
gli studenti
le signore
le amiche

il	
l'	
lo	
la	
l'	

→

| **i** |
| **gli** |
| **le** |

MODULO C
unità 8

IL LUOGO
Dov'è?

Scusi, dov'è la Torre di Pisa?
In piazza dei Miracoli, vicino al Duomo e al Battistero. Dalla stazione può prendere l'autobus

Per favore, piazza San Pietro è lontana?
No, è abbastanza vicino. Accanto a Castel Sant'Angelo. Può andarci a piedi

Per l'Università

Pronto? Buongiorno! Scusi, sono alla stazione ferroviaria, può
indicarmi come posso venire all'Università per Stranieri?
*Faccia attenzione, mi ascolti. Lei prende la via Mario Angeloni e,
al semaforo, va verso destra, fino in fondo. Passa vicino allo Stadio
e arriva subito in piazza Partigiani.*
*Lì troverà le scale mobili, le prende e, dopo cinque minuti, è all'inizio
di Corso Vannucci. In fondo al Corso trova la Cattedrale. Gira
intorno alla Cattedrale e comincia a scendere.*
*Passa sotto l'Arco Etrusco e, di fronte, vede l'Università per Stranieri.
Se vuole andare con l'autobus prenda i numeri 1 o 2.*

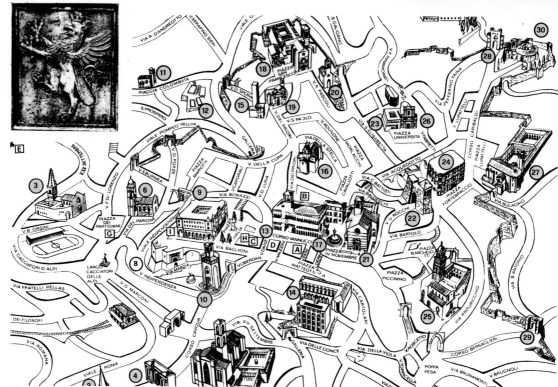

Guarda la pianta della città e scegli la risposta giusta

1) Dov'è la stazione?
- [ ] in periferia
- [ ] vicino all'ospedale
- [ ] In centro

2) Dov'è la Cattedrale?
- [ ] vicino allo stadio
- [ ] davanti al Teatro
- [ ] in piazza IV Novembre

3) Dov'è lo stadio?
- [ ] vicino alla stazione
- [ ] vicino alle scale mobili
- [ ] in periferia

4) Dov'è l'Università?
- [ ] vicino all'Arco Etrusco
- [ ] in periferia
- [ ] vicino alla Cattedrale

Luisa
1. il divano
2. il cuscino
3. il pavimento
4. la rivista
5. le finestre
6. il tavolino
7. i libri
8. il portafotografie
9. la stella di Natale
10. le candele
11. il piatttino
12. il lampadario
13. la libreria
14. la pianta
15 il gatto

Metti i numeri al posto giusto

LA FOTO DI LUISA

Luisa, è seduta sul divano e legge una rivista. Sul divano vicino a lei c'è un cuscino. Vicino al divano c'è un tavolino. Sopra il tavolino ci sono: un portafotografie, una stella di Natale, un piattino, due candele tonde e un gatto bianco. Sotto il tavolino ci sono i libri. Dietro il divano e il tavolino c'è una pianta. Sopra il tavolino e lungo la parete ci sono le finestre. In fondo alla parete c'è la libreria. A destra di Luisa due finestre con un bel panorama. In alto, ancora più sopra, un lampadario.

Leggi e completa

la tazza

Dove è seduta Luisa?
Luisa è seduta sul divano

Che cosa c'è sul divano vicino a lei?
Sul divano vicino a lei c'è _____

Che cosa c'è vicino al divano?
C'è _____

Che cosa c'è sopra il tavolino?
Sopra il tavolino ci sono _____

Come si chiama l'animale sul tavolino?
_____

il divano

Che cosa c'è sotto il tavolino?
Sotto il _____

Che cosa c'è dietro il divano e il tavolino?
_____

i libri

Dove sono le finestre?
_____

Le finestre sono a destra o a sinistra di Luisa?
_____

Che cosa c'è in alto, più sopra?
_____ *un lampadario*

i pasticcini

il tavolo

Leggi e completa

La scarpa è sopra il letto?
No, la scarpa non è sopra il letto

1. La scarpa è sopra il letto?
_____

2. Il libro è sopra il banco?
_____

3. La sciarpa è sopra la sedia?
_____

4. La gonna è sopra il letto?
_____

il letto

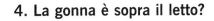

le scarpe

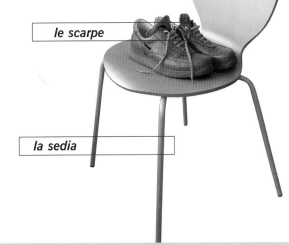

la sedia

I pantaloni sono sotto la poltrona?
No, i pantaloni sono sopra la poltrona

1. I pantaloni sono sotto la poltrona?

2. Le calze sono sotto il letto?

3. Le cravatte sono sotto la sedia?

4. Le scarpe sono sotto la sedia?

La borsa è sopra la sedia?
No, la borsa è dentro l'armadio

1. La borsa è sopra l'armadio?
_____

2. La maglia è sopra la sedia?
_____

3. La gonna è sopra il letto?
_____

4. Il cappello è sopra il letto?
_____

il gatto

l'armadio

la sedia

Per parlare subito
Leggi e completa

Il registro **è sopra** la sedia?
*Sì, è **sulla** sedia*

Il registro è sopra la sedia?

La penna è sopra la cattedra?

Il foglio è sopra il banco?

Il libro è sopra la borsa?

Il latte è **dentro** il frigorifero?
Sì, è nel frigorifero

Il latte è dentro frigorifero?
Sì,

L'ombrello è dentro il portaombrelli?
Sì,

La felpa è dentro il cassetto?

La macchina è dentro il garage?

I quaderni sono sopra il banco?
Sì, sono sul banco

Le cassette sono sopra il registratore?
Sì,

Le cartelle sono sopra il pianoforte
Sì,

I fiori sono sopra il tavolo?
Sì,

I bicchieri sono sopra il tavolo?
Sì,

I vestiti sono dentro la valigia?
*Sì, sono **nella** valigia*

I gessi sono dentro la scatola?

I documenti sono dentro la borsa?

I soldi sono dentro la tasca?

gli ombrelli

Rispondi

Andrea, dov'è tuo padre? *(in garage)*
Non lo so, forse in garage

1. Andrea dov'è tuo padre? *(in garage)*

2. Giancarlo, dov'è tua moglie? *(in cucina)*

3. Franca, dov'è tua sorella *(è uscita)*

4. Alba, dov'è Marco? *(nel suo studio)*

5. Mario, dov'è il professore? *(in presidenza)*

i bicchieri

IN ITALIANO SI DICE

Note di fonetica e grammatica

Consonanti doppie	fonetica

1. Tutte le consonanti dell'alfabeto italiano possono essere **sole** o **doppie**.
   Attenzione alla pronuncia

	sola	doppia			sola	doppia
b	banco	babbo		p	poco	troppo
c	caro	occhio		q	quando	acqua
d	dono	freddo		r	caro	carro
f	felice	affare		s	solo	sasso
g	gentile	oggi		t	tuo	tutto
l	libro	bello		v	vaso	davvero
m	meglio	mamma		z	zio	mazzo
n	noi	nonna				

ALCUNE PREPOSIZIONI	grammatica

vado	a	casa piedi Roma
	in	treno Brasile classe

vicino a
lontano da

Vicino

Lontano

di fianco (a)
di fronte (a)

Di fronte

Di fianco

Dietro

Davanti

dietro (a)
davanti (a)

Sopra

Sinistra

Destra

a destra di
a sinistra di

Sotto

Dentro

Fuori

IN ITALIANO SI DICE

grammatica

PRONOMI PERSONALI E PREPOSIZIONI

vicino **a**	**me**
lontano **da**	**te**
	lui/lei
viene **con**	**noi**
	voi
parla **di**	**loro**

PREPOSIZIONI ARTICOLATE

Il libro è	**del** ragazzo **della** ragazza **dei** ragazzi **delle** ragazze

Il libro è	**nel** cassetto **nella** borsa

Il libro è	**sul** tavolo **sulla** sedia

Dov'è	**IL PALAZZO DEL COMUNE?** **IL PALAZZO DELLA PROVINCIA?** **IL PALAZZO DELLA REGIONE?** **LA SEDE DEL TRIBUNALE?** **LA SEDE DELL'UNIVERSITÀ?**	➡	*In centro* *In piazza Europa* *In periferia* *Fuori città* *Nei pressi della stazione*

Come posso andare,	**AL CENTRO?** **IN PIAZZA IV NOVEMBRE?** **ALLA CATTEDRALE?** **ALLO STADIO?** **ALL'UNIVERSITÀ?** **ALLA STAZIONE?**	➡	*A piedi* *In macchina* *In autobus* *In taxi* *In metropolitana*

Scusi, **Per cortesia,** **Può dirmi,**	**dov'è**	**IL TELEFONO?** **IL BAGNO?** **LA SEGRETERIA?** **IL DIRETTORE?** **LA PALESTRA?** **L'INGRESSO?** **L'USCITA?**	➡	*È lì, dietro quella porta* *In fondo a destra* *Subito a sinistra* *In fondo al corridoio* *Proprio lì, davanti a Lei* *In fondo alle scale* *Più avanti, a destra*

MODULO C
unità 9

IL TEMPO
Che tempo fa?

In Italia...
In estate c'è il sole e fa caldo

In Italia...
In autunno tira vento e cadono le foglie

In Italia...
In primavera piove e fioriscono gli alberi

In Italia...
In inverno fa freddo e nevica

Le stagioni in Italia e nel tuo Paese

In primavera in Italia il cielo è qualche volta sereno e qualche volta nuvoloso e piove. La natura torna a fiorire. L'aria comincia a riscaldarsi.

| 21 dicembre | ❄ | Inizio dell'inverno |
| 21 marzo | 🌼 | Inizio della primavera |

In primavera nel tuo Paese il cielo è _____
La natura _____
L'aria _____

In estate in Italia il cielo è sereno.
Il tempo è bello. C'è il sole. Fa molto caldo.

In estate nel tuo Paese il cielo è _____
Il tempo è _____ .
C'è _____
Fa _____ .

In autunno in Italia piove. C'è la nebbia.
Tira vento e cadono le foglie. L'aria si fa più fresca.

In autunno nel tuo Paese _____

In inverno in Italia fa freddo.
Il cielo è nuvoloso. Tira vento.
Piove e nevica.

| 21 giugno | ☀ | Inizio dell'estate |
| 23 settembre | ☁ | Inizio dell'autunno |

In inverno nel tuo Paese _____

Leggi e completa

In			In Italia	In...
In **Gennaio**		**ACQUARIO** 21 Gennaio - 19 Febbraio	È freddo	
In **Febbraio**		**PESCI** 20 Febbraio - 20 Marzo	Nevica	
In **Marzo**		**ARIETE** 21 Marzo - 20 Aprile	Piove	
In **Aprile**		**TORO** 21 Aprile - 20 Maggio	È nuvoloso Piove	
In **Maggio**		**GEMELLI** 21 Maggio - 21 Giugno	È sereno	
In **Giugno**		**CANCRO** 22 Giugno - 22 Luglio	C'è il sole È sereno	
In **Luglio**		**LEONE** 23 Luglio - 23 Agosto	Fa bel tempo È caldo	
In **Agosto**		**VERGINE** 24 Agosto - 22 Settembre	Uffa, che caldo!	
In **Settembre**		**BILANCIA** 23 Settembre - 22 Ottobre	È sereno!	
In **Ottobre**		**SCORPIONE** 23 Ottobre - 22 Novembre	C'è la nebbia	
In **Novembre**		**SAGITTARIO** 23 Novembre - 21 Dicembre	Brr, che freddo!	
In **Dicembre**		**CAPRICORNO** 22 Dicembre - 20 Gennaio	Fa brutto tempo	

L'estate

l'alpinismo

Oggi è venerdì 5 luglio.
A Milano fa un gran caldo: 30 gradi all'ombra.
C'è il sole da molti giorni e non piove da settimane.
Le previsioni meteorologiche dicono che "in tutta Italia, da Nord a Sud, da Est a Ovest, il tempo continua a mantenersi bello. Resta un gran caldo e il cielo è sempre sereno.
Solo sulle Alpi c'è qualche nuvola e un po' di nebbia al mattino.
Laura è molto felice perché sta per partire per le vacanze.
Con la sua famiglia, quest'anno, va al mare, in Sicilia, dove nuota, prende il sole, e la sera esce con gli amici.
La città è vuota.
Le scuole sono chiuse.
Le fabbriche ferme.
Gli uffici hanno pochi impiegati.
Il traffico non è più caotico e difficile.
Le strade sono libere e vuote.
C'è più pace e aria pulita.
Tutti sono in vacanza o si preparano a partire.

una spiaggia italiana

Pesaro. Le strutture balneari in estate si riempiono di turisti

la pesca subacquea

Leggi e completa

Che giorno è oggi?
Oggi è _____ *5*_____

Che tempo fa a Milano?
A Milano fa _____

Quanti gradi di temperatura ci sono a Milano?
A Milano ci sono _____ *di* _____

Da quanto tempo non piove?
Non _____ *da* _____

l'estate

Secondo le previsioni com'è il tempo sulle Alpi?
Sulle Alpi c'è _____, *e un po'* _____ *al mattino.*

Perché Laura è molto felice?
Perché quest'anno _____

Con chi va in vacanza Laura?
Laura va _____ *con* _____

Dove va in vacanza?
Va _____

Come è la città nel mese di luglio?
La città _____

Come sono le scuole?
_____

spiaggia d'estate

Come sono le fabbriche?
_____

Come è il traffico?
_____

il Trentino Alto Adige

Vero o falso

	Vero	Falso
1. Oggi è venerdì 15 luglio	☐	☐
2. Laura sta per partire per l'estero	☐	☐
3. La famiglia quest'anno va in Sicilia	☐	☐
4. La città è vuota	☐	☐
5. Le scuole sono aperte	☐	☐
6. Le fabbriche sono in funzione	☐	☐
7. Il traffico in estate è più caotico	☐	☐
8. In estate sulle Alpi nevica	☐	☐

Scelta multipla

1. Oggi è
☐ *venerdì 15 luglio*
☐ *sabato 5 luglio*
☐ *lunedì 5 agosto*

2. A Milano fa un gran
☐ *freddo*
☐ *caldo*
☐ *vento*

3. Laura va in vacanza con
☐ *gli amici*
☐ *la sua famiglia*
☐ *suo fratello*

4. La famiglia, quest'anno, va
☐ *all'estero*
☐ *in Sicilia*
☐ *in Tunisia*

5. Il traffico è più
☐ *caotico*
☐ *regolare*
☐ *difficile*

6. La città è
☐ *vuota*
☐ *caotica*
☐ *piena*

strade piene di traffico

strada libera

Le previsioni del tempo

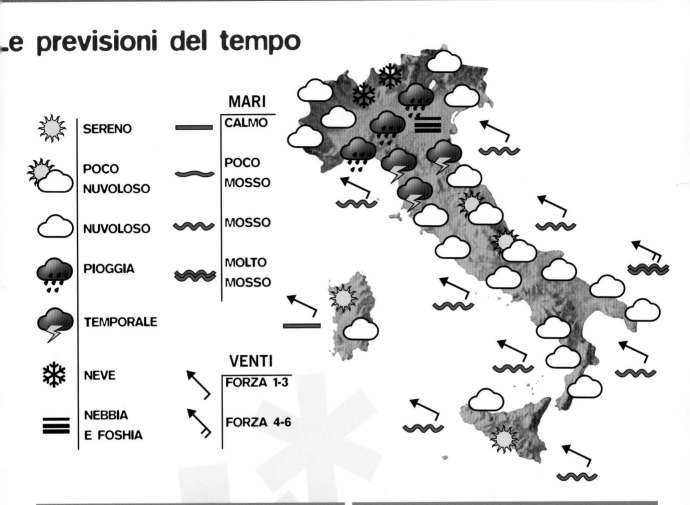

☼	SERENO		―	CALMO
	POCO NUVOLOSO		～	POCO MOSSO
☁	NUVOLOSO		～	MOSSO
☁	PIOGGIA		～	MOLTO MOSSO
⚡	TEMPORALE			
❄	NEVE			FORZA 1-3
≡	NEBBIA E FOSHIA			FORZA 4-6

MARI

VENTI

SITUAZIONE IN ITALIA

Nella notte nuvole provenienti dall'Africa tendono ad arrivare verso la Sicilia Occidentale.

La pressione si abbassa gradualmente e annuncia cattivo tempo.

Una perturbazione ora sulla Francia settentrionale si avvicina.

ALCUNE TEMPERATURE IN ITALIA

	minima	massima		minima	massima
Bolzano	8	15	**Torino**	2	15
Verona	5	13	**Genova**	10	17
Trieste	9	15	**Bologna**	7	17
Venezia	5	14	**Firenze**	7	17
Milano	6	16	**Roma**	5	15

PREVISIONI PER OGGI

Al Nord, molto nuvoloso o coperto con piogge intense, su Lombardia e Piemonte.

Neve al di sopra dei 1300 metri.

Nella seconda parte della giornata aumento delle precipitazioni anche su Veneto e Trentino Alto Adige.

Al Centro, sulla Sardegna e sul Lazio meridionale cielo nuvoloso con piogge.

PREVISIONI PER DOMANI

Al Nord, cielo generalmente nuvoloso con piogge.

Al Centro e sulla Sardegna, cielo nuvoloso con piogge, in miglioramento.

Al Sud e sulla Sicilia, nuvole e pioggia.

Qualche temporale.

Tendenza a generale miglioramento.

Temperatura: in aumento le minime.

Venti: deboli da Sud/Sud-Ovest a Nord, moderati da Sud-Ovest sulle regioni tirreniche; forti al Sud.

La Sicilia

La Sicilia è nota a tutti per le arance, gli olivi,
le sue città, il vulcano Etna, il mare, il clima,
la storia.
Turisti da tutto il mondo vengono qui per
godere un clima straordinario, una temperatura
gradevole e dolce anche in inverno.
Il mare di Sicilia è, in generale, azzurro
e pulito.
Tutte le coste, comprese le numerose isole,
offrono ospitalità e piacevole riposo.
La vegetazione è tipicamente mediterranea
e ricca di piante, di fiori, di profumi.
Tante sono le specialità gastronomiche,
ma tutti preferiscono i dolci e i gelati tipici.

la spiaggia di Taormina

Leggi e completa

Per che cosa è nota la Sicilia?
La Sicilia è _____

Come è il clima in Sicilia?
_____

Come è la temperatura?
_____

Come è il mare?
_____

Che cosa offrono le coste?
_____

Come è la vegetazione?
_____

Quali sono le specialità gastronomiche?
_____

Palermo

Il vulcano Etna

È il più grande vulcano d'Europa.
È un immenso cono regolare con una base rotonda di circa 200 chilometri.
L'altezza cambia nel tempo e oggi tocca i 3.320 metri.
L'attività del vulcano è accompagnata da tremendi scoppi e da immense colonne di fumo e vapore, di ceneri e lapilli e da terrificanti colate di lava che in passato sono arrivate fino alla città di Catania e al mare.
Dal cratere centrale attraverso bocche, che cambiano di volta in volta, queste colate formate da materiali incandescenti, scendono come lenti fiumi ad una temperatura di 800 gradi centigradi.
L'Etna, insieme ad altri vulcani italiani, è in continua attività.
Ma anche gli altri, quali il Vesuvio vicino a Napoli e lo Stromboli, spesso danno segni di risveglio.

il vulcano Etna

Leggi e completa

Che cosa è l'Etna?
L'Etna è _____

Che forma ha?
Ha la forma di un _____

Quanto misura la base circolare?
La base misura _____

Quanto è alto l'Etna?
L'Etna è _____

Qual è la città più vicina all'Etna?
La città più vicina _____

Che cosa esce dal cratere?
Dal cratere _____

Quali sono gli altri vulcani italiani?
Altri vulcani sono _____

Dove si trova il Vesuvio?

Primavera a Firenze

Gli alberi rimettono le foglie.
Le automobili passano lentamente con la gente che si gode la passeggiata.
A piazzale Michelangelo le persone guardano il panorama sedute sulle panchine.
Accanto alla copia del David, alto sul piedistallo, il fotografo richiama i clienti.
Il bar ha messo fuori i tavolini.
I turisti si siedono contenti.
Sotto c'è la città, con le torri, i campanili, l'armonia dei tetti.
L'Arno in piena corre sotto i ponti.
Le colline chiudono la città e formano quasi la sua cornice.

Firenze
La Primavera
di Botticelli
Galleria degli Uffizi

(Libera riduzione da Vasco Pratolini, Il Quartiere, Mondadori)

Vero o falso

	Vero	Falso
1. I platani rimettono i germogli	☐	☐
2. Le automobili passano veloci	☐	☐
3. La gente è seduta sulle panchine	☐	☐
4. Il bar ha messo fuori gli ombrelloni	☐	☐
5. L'Arno è in piena	☐	☐
6. Le colline aprono la città	☐	☐

Estate a Firenze
Meteo | Firenze

Firenze
Palazzo Vecchio

Firenze - il duomo

Le Previsioni del tempo

Condizioni attuali

INFORMAZIONI
PERVENUTE
05 - 07
alle ore 16

sole velato
torrido

Temperature: 34 C°
Umidità: 40%
Pressione: 1012.20 millibar
Visibilità: 15km

Previsioni nelle 24 ore — INFORMAZIONI PREVENUTE 05-07 alle ore 12

Lunedì Pomeriggio	Lunedì Sera	Lunedì Notte	Martedì Mattino
soleggiato	soleggiato	sereno	soleggiato ventoso
temperatura: 25 C°	temperatura: 25 C°	temperatura: 30 C°	temperatura: 21 C°
umidità: 66%	umidità: 71%	umidità: 64%	umidità: 81%
vento: sud - 27km/h	vento: s - e - 24km/h	vento: s - e - 34km/h	vento: sud - 22km/h

Previsioni a 72 ore — INFORMAZIONI PREVENUTE 05-07 alle ore 12

Lunedì	Martedì	Mercoledì
soleggiato	soleggiato	soleggiato
temp max: 30 C°	temp max: 27 C°	temp max: 28 C°
temp min: 21 C°	temp min: 21 C°	temp min: 21 C°

La pioggia

Le nuvole sono sempre più grandi e nere. Ecco le prime gocce d'acqua

Mario è in strada per ascoltare, sotto l'ombrello, il tic-tac della pioggia

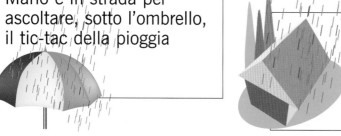

Poco dopo la pioggia è fitta fitta, è un acquazzone. I tetti delle case, le strade, gli alberi, i fiori e l'erba sono tutti bagnati

Ma poi ecco di nuovo il sole alto nel cielo, le nuvole non ci sono più, tutto il cielo è azzurro

Dopo la pioggia, il caldo del sole

Completa

Come sono le nuvole?

_____

Dove è Mario?

_____

Come è la pioggia?

_____

Come sono i fiori e l'erba?

_____

Come è il cielo dopo la pioggia?

_____

SERENO

Dopo tanta
nebbia
a una
a una si svelano
le stelle
Respiro
il fresco
che mi lascia
il colore
del cielo

(Giuseppe Ungaretti)

LA PIOGGIA

Piove, non piove
faremo cose nuove.
Acqua e vento
domani sarà bel tempo
bel tempo o nebbiolina
vedremo la mattina

(popolare)

Completa

Le nuvole sono _____ più grandi e _____ .

Ecco le prime _____ d'acqua.

Mario è _____ strada per ascoltare, _____ l'ombrello, il tac-tac _____ pioggia.

Poco dopo _____ pioggia è fitta _____ , è un acquazzone, _____ tetti delle _____ , le strade, i _____ , i fiori e l' _____ sono tutti bagnati. _____ poi ecco di _____ il sole alto _____ cielo, le nuvole _____ ci sono più. _____ il cielo è _____ .

Dopo la pioggia, _____ caldo del sole.

Il temporale

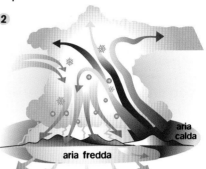

Il temporale arriva specialmente in estate improvviso
e rumoroso.
L'aria riscaldata dai raggi del sole vicino al
suolo diventa leggera e comincia a salire.
Il vapore dell'acqua si raffredda e forma
una grande nube.
L'aria sale a una velocità di 60/70
chilometri all'ora e forma una nuvola che
può arrivare ad una altezza di 16.000
metri.
Le piccole gocce di pioggia per la temperatura che
arriva anche a 40 gradi sotto zero si trasformano in piccoli cristalli
di ghiaccio, i quali, per il loro peso cominciano
a scendere.
Si forma così una forte corrente fredda
che scende verso la terra.
Il vento è fortissimo e accompagna
pioggia e grandine.

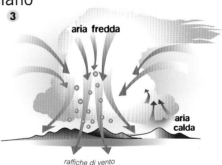

Quando c'è il temporale, se sei in casa...

■ Chiudi bene le porte e le finestre.
■ Non usare televisore, radio, o altri elettrodomestici, perché il fulmine può rovinarli.
■ Evita vasche da bagno, rubinetti, perché i tubi di metallo possono trasmettere
l'elettricità.

se sei fuori casa...

■ Cerca una casa o una macchina
■ Non metterti mai sotto un grande albero
■ Non devi trovarti vicino a costruzioni alte, come torri o campanili o pali di linee
telefoniche ed elettriche
■ Non usare canne da pesca, aste di bandiera o antenne
■ Resta lontano da fiumi, da laghi, o da zone dove sia presente l'acqua

IN ITALIANO SI DICE

Note di fonetica e grammatica

Osservazioni sull'apostrofo	fonetica

1. Quando una parola finisce per vocale e si trova davanti ad un'altra che comincia per vocale, perde la vocale finale.

no, lo uomo,	sì, l'uomo	no, senza altro,	sì, senz'altro
no, lo amico,	sì, l'amico	no, di Europa,	sì, d'Europa
no, lo albero,	sì, l'albero	no, ci è,	sì, c'è
no, la aula,	sì, l'aula	no, ci entra,	sì, c'entra
no, una amica,	sì, un'amica	no, gli Italiani,	sì, gl'Italiani

IL TEMPO	grammatica

Che tempo fa oggi?	→	Fa	caldo freddo bel tempo un tempaccio molto caldo molto freddo
		Fanno	30 gradi 28 gradi all'ombra 5 gradi sotto zero
	→	È	sereno nuvoloso coperto
	→	C'è	(il) sole (il) vento (la) pioggia (la) neve (la) nebbia (un) temporale

IL TEMPO | grammatica

| Che tempo fa oggi? → | Piove
 Nevica
 Grandina
 Tira vento  |

LE STAGIONI

| Siamo in | Primavera
 Estate
 Autunno
 Inverno |

I GIORNI DELLA SETTIMANA

| Oggi è | Lunedì
 Martedì
 Mercoledì
 Giovedì
 Venerdì
 Sabato
 Domenica |

I MESI DELL'ANNO

Siamo in	Gennaio Febbraio Marzo Aprile Maggio Giugno
Siamo nel mese di	Luglio Agosto Settembre Ottobre Novembre Dicembre

i fiori

IL CALENDARIO - LE FESTE — grammatica

GIORNI DI FESTA

Tutte le	domeniche
1 gennaio	Capodanno
6 gennaio	Epifania
25 aprile	Liberazione
1 maggio	Festa del lavoro
15 agosto	Ferragosto
1 novembre	Ognissanti
8 dicembre	Festa religiosa
25 dicembre	Natale

I NUMERI — grammatica

21 ventuno
22 ventidue
23 ventitré
24 ventiquattro
25 venticinque
26 ventisei
27 ventisette
28 ventotto
29 ventinove
30 trenta
40 quaranta
50 cinquanta

60	sessanta
70	settanta
80	ottanta
90	novanta
100	cento
150	centocinquanta
200	duecento
500	cinquecento
1.000	mille
10.000	diecimila
100.000	centomila
1.000.000	un milione

VERIFICA DEL MODULO C

Usa il tuo italiano

Esercizio A
Completa. Come domandare. (Se non trovi le parole vedi pag. 92-93)

_____ sei? – *Sono un ragazzo*
_____ ti chiami? – *Mi chiamo Franco*
_____ anni hai? – *Ho quattordici anni*
_____ sei nato? – *Sono nato a Roma*
_____ sei nato? – *Sono nato il 12 maggio 1990*
_____ abiti? – *Abito a Roma*
_____ è il tuo indirizzo? – *Il mio indirizzo è Via Mazzini, numero 2*
_____ è il tuo numero di telefono? – *Il mio numero di telefono è 5847892*

Esercizio B
Completa la domanda (per i ragazzi)

_____ è nato Lucio? – *Lucio è nato a Roma.*
E tu?_____ sei nato? – _____ *sono nato a* _____

_____ abita Lucio? – *Lucio abita a Roma in Via Mazzini, numero 2*
E tu? _____ abiti? – _____ *abito a* _____

_____ anni ha Lucio? – *Lucio ha tredici anni*
E tu? _____ anni hai? – _____ *ho* _____

_____ è alto Lucio? – *Lucio è alto 160 centimetri*
E tu? _____ sei alto? – _____ *sono alto* _____

_____ si chiama tuo padre? – *Mio padre si chiama Sergio*
E tu?_____ ti chiami? – _____ *mi chiamo* _____

Esercizio C
Completa la domanda (per le ragazze)

_____ è nata Marta? – *Marta è nata a Roma.*
E tu? _____ sei nata? – _____ *sono nata a* _____

_____ abita Marta? – *Marta abita a Roma in Via Mazzini, numero 2*
E tu? _____ abiti? – _____ *abito a* _____

_____ anni ha Marta? – *Marta ha tredici anni*

E tu? _____ anni hai? – _____ *ho* _____

_____ è alta Marta? – *Marta è alta 158 centimetri*

E tu? _____ sei alta? – _____ *sono alta* _____

_____ si chiama tua madre? – *Mia madre si chiama Anna*

E tu? _____ ti chiami? – _____ *mi chiamo* _____

_____ è Marta? – *Marta è una studentessa*

E tu? _____ sei? – *Sono una* _____

Esercizio D
Completa con essere o abitare e rispondi

Dove _____ Roma? – *Roma* _____ *in Italia*

Come _____ San Paolo? – *San Paolo* _____ *grande*

Dove _____ nato? – *Io* _____ *nato a Curitiba*

Dove _____ Lucio? – *Lucio* _____ *a Roma*

Dove _____ gli occhiali – *Gli occhiali* _____ *nella borsa*

Dove _____ i tuoi genitori? – *I miei genitori* _____ *in Via Mazzini, numero 2*

Dove _____ nato? – *Io* _____ *nato a Rio*

Dove _____ Chiara? – *Chiara* _____ *in un appartamento*

Esercizio E
Completa. Verbo essere o verbo avere

Io _____ un ragazzo italiano

Noi _____ ragazzi russi

Marta _____ quattordici anni

Lucio e Lisa _____ un nuovo numero di telefono

I ragazzi _____ sete, chiedono un'aranciata

Se voi non _____ capito, ripeto tutto

Tu _____ capito?

Tu quanti anni _____ ?

Mio padre _____ una bella macchina

Mi dispiace, Francesca non _____ in casa, _____ uscita

Esercizio F
Rispondi

Come ti chiami?

_____

Quanti anni hai?

_____

Sei un ragazzo o una ragazza?

_____

Dove abiti?

_____

Qual è il tuo numero di telefono?

_____

Come si chiama tuo padre?

_____

Come si chiama tua madre?

_____

Quante persone ci sono nella tua famiglia?

_____

Che lavoro fa tuo padre?

_____

Esercizio G
Presenta la tua casa. (Per aiutarti vedi la pag. 95)

Il mio appartamento ha l'ingresso _____ entrare;
le _____ per dormire; ha la sala per _____ ;
e ha il soggiorno _____ la TV;
continua...

_____

_____

_____

_____

_____

_____

_____

_____

LE PAROLE della ESTATE AL MARE

Il sole
Il mare
La spiaggia
L'ombrellone
I bagni
Il bagnino
La barca
I remi
Il moscone
Il gommone
La sdraio
Il lettino
Il tavolino
Il costume
Il bikini, il pareo
Il nuoto
Il tuffo
La borsa da mare
Il telo da bagno
*La passeggiata
  sulla spiaggia*
Il gelato
*La bibita
ghiacciata*
La tintarella
L'abbronzatura

*Trova le stesse parole
nella tua lingua
con l'aiuto dell'insegnante
o del vocabolario*

Esercizio H
Cruciverba. (Vedi pag. 103)

1) è seduta sul divano
2) vicino a lei
3) è dietro il divano
4) è a destra di Luisa
5) è sopra il tavolino
6) è in fondo alla parete
7) sono sotto il tavolino
8) sono lungo la parete

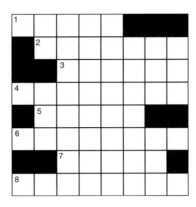

Esercizio I
Completa con c'è e ci sono

Nel bicchiere _____ l'aranciata
A Pisa _____ la torre pendente
Sul tavolo _____ i libri
Nel vaso _____ i fiori
A Roma _____ la grande Piazza San Pietro
A destra della finestra _____ un tavolo
Sotto il tavolo non _____ niente
Nella biblioteca _____ i libri
Signorina, _____ una lettera per Lei
Finalmente _____ tre giorni di vacanza

Esercizio L
Completa

La mia borsa è _____ il tavolo
Il latte è _____ il frigorifero
Le scarpe sono _____ il letto
Il tappeto è _____ divano
La macchina è _____ il garage
I libri sono _____ il banco
Quando piove stiamo _____ l'ombrello
I vestiti sono _____ dentro l'armadio

LE PAROLE della CASA

L'ingresso
Il portone
Il citofono
La cassetta della posta
Il pianoterra
Il garage
Le scale
L'ascensore
Il pianerottolo
La terrazza
La finestra
La stanza
Le pareti
Il soffitto
Il pavimento
Il caminetto
L'impianto dell'acqua
L'impianto della luce
L'impianto del gas
L'ultimo piano
L'attico
La mansarda
Il tetto

Trova le stesse parole nella tua lingua con l'aiuto dell'insegnante o del vocabolario

Esercizio M
Osserva il grafico di pag. 111 e rispondi

Quante sono le stagioni?
Le stagioni_____
Qual è la stagione fredda?

_____

Qual è la stagione calda?

_____

Quali sono i mesi della primavera?

_____

E dell'estate?

_____

E dell'autunno?

_____

E dell'inverno?

_____

Esercizio N
Associa ai mesi e alle stagioni i lavori o le sensazioni qui presentate

Avere freddo; avere caldo; sudare; essere in vacanza; festeggiare
il compleanno; celebrare il Natale; ricominciare la scuola; ricevere
e offrire regali; andare a/in/da; fare; ecc.

Secondo il modello: (*avere freddo*) - A gennaio, in inverno, fa tanto
freddo.

Esercizio O
Rispondi

Che tempo fa in Italia a luglio?

_____

E in nel tuo Paese?

_____

Che tempo fa in Italia a settembre?

_____

E in nel tuo Paese?

_____

LE PAROLE dei LUOGHI

La via
La strada
Il viale
La piazza
Il residence
La metropolitana
Il centro
Il largo
La periferia
La circonval-
    lazione
Il parco
La strada
La piazza
    centrale
L'ospedale
La cattedrale
Il municipio
Il tribunale
L'università
Il centro
    commerciale
La stazione
    ferroviaria
Le mura di
    cinta
Il museo

Trova le stesse parole nella tua lingua con l'aiuto dell'insegnante o del vocabolario

Che tempo fa in Italia a gennaio?

_____

E in nel tuo Paese?

_____

Che tempo fa in Italia a maggio?

_____

E in nel tuo Paese?

_____

Esercizio P
Rispondi

Che giorno è oggi? – *Oggi è* _____
Quanti ne abbiamo oggi? – _____ *ne abbiamo 12*
In che anno siamo? – *Siamo nel* _____
Quando inizia l'inverno? – _____
Quando finisce l'estate – _____
Quando è il tuo compleanno? – _____
Qual è il tuo segno dello zodiaco? – _____
Cosa prevede il tempo domani? – _____
Qual è la temperatura di oggi? – _____
E la massima di ieri? – _____
Quando c'è il temporale e sei in casa cosa fai? – _____

Esercizio Q
Elimina l'intruso

papà, sorella, zia, studente, nonno, nipote
Lombardia, Toscana, Liguria, Emilia, Tevere, Sicilia
armadio, Giulia, sedia, tavolo, lampada, libri
marzo, giugno, primavera, dicembre, ottobre, settembre
sole, ombrello, pioggia, vento, nuvole, neve

LE PAROLE del TEMPO METEREOLOGICO

La pioggia
Il sole
Le nuvole
La nebbia
La brina
Il vento
La neve
La grandine
Il ghiaccio
Il temporale
Il barometro
Le previsioni
La temperatura massima
La temperatura minima
La perturbazione
Correnti di aria calda
Correnti di aria fredda
Nuvoloso
Sereno
Coperto
Lampo
Tuono

Trova le stesse parole nella tua lingua con l'aiuto dell'insegnante o del vocabolario

Finito di stampare nel mese di novembre 2005
da Guerra guru s.r.l. - Via A. Manna, 25 - 06132 Perugia
Tel. +39 075 5289090 - Fax +39 075 5288244
E-mail: geinfo@guerra-edizioni.com